W

Pinneberg

wortreich

umkreist

Herausgegeben vom
Kreiskulturverband Pinneberg e.V.

Wiesenburg Verlag

Bibliographische Information der
Deutschen Nationalbibliothek:

Die Deutsche Nationalbibliothek verzeichnet diese
Publikation in der Deutschen Nationalbibliographie;
detaillierte bibliographische Daten sind im Internet
über http://dnb.d-nb.de abrufbar.

1. Auflage 2017
Wiesenburg Verlag
Postfach 4410 · 97412 Schweinfurt
www.wiesenburgverlag.de

Gestaltung Cover: Sabine Reichert
www.sabineart.com · E-Mail office@sabineart.com

Layout: Media-Print-Service Luff · 97456 Dittelbrunn

ISBN 978-3-95632-606-6

Inhalt

Grußwort

Liebe Leserin, lieber Leser,

diese Anthologie mit einem Grußwort eröffnen zu dürfen, erfüllt mich mit Freude, Dankbarkeit und Respekt.

Freude – weil der Kreiskulturverband das 250-Jahre-Drostei-Jubiläum zum Anlass genommen hat, dieses Buchprojekt auf den Weg zu bringen.

Dankbarkeit – weil es ein wunderbarer Beitrag zu unserer Feier ist, dem die Verantwortlichen viel, viel Zeit und Elan gewidmet haben.

Respekt – weil alle Beiträge dieser Anthologie von wahren Wortkünstlerinnen und -künstlern stammen und es herausfordernd ist, diesen einen Text voranzustellen.

Aber der Reihe nach:

Die Stiftung Landdrostei ist seit Monaten, nein, seit Jahren gedanklich mit ihrem Jubiläum befasst. Als repräsentativer Mittelpunkt der Kreisstadt ist die Drostei stets „im Blick", und dennoch scheint es manchmal doch so zu sein wie bei alten Möbelstücken: Man lebt mit ihnen, nimmt sie aber nur noch am Rande wahr in ihrer Schönheit. Die Fragen, die uns beschäftigten, waren: Wie wollen wir feiern? Was stellen wir in den Fokus? Das Gebäude? Das Kulturzentrum des Kreises, das hier seit

1996 seine räumliche Heimat hat? Welches ist der richtige Rahmen? Wollen wir viele kleine Veranstaltungen oder lieber ein „Großevent"? Wird es eine Festschrift geben, oder fokussieren wir uns auf das Programm? Und wie immer, wenn es um das Treffen einer Auswahl geht: Die Entscheidung FÜR eine Sache bedeutet im Grunde auch die Entscheidung GEGEN viele andere.

In dieser Situation konnte die Anfrage des Kreiskulturverbands, anlässlich unseres Jubiläums eine ganze Kulturwoche in Eigenregie in der Drostei veranstalten zu dürfen, nur auf fruchtbaren Boden fallen. Eine Woche lang wird die Drostei also im November 2017 das immens vielfältige Kulturleben des Kreises spiegeln: Musik, bildende Kunst, Literatur, Kunsthandwerk und einiges mehr.

Die Zusammenarbeit und der Austausch zwischen der Drostei als Kreiskulturzentrum und dem Kreiskulturverband sind traditionell eng und konstruktiv. Das hat nicht nur, aber eben auch mit den handelnden Personen zu tun. Und „handelnd" ist in diesem Fall ganz wörtlich gemeint: Sowohl der Vorstand als auch die Beisitzer sind es, die die Vereinsarbeit mit großem persönlichen Engagement und hohem Zeitaufwand prägen, z. B. mit der Vielzahl an „Ku-Tipps", die in kürzesten Abständen in unseren Mail-Postfächern eintrudeln und durch die manchem von uns vielleicht erst die tatsächliche Bandbreite des kulturellen Lebens unserer Region bewusst wird. Aber auch Projekte wie die Kulturwoche 2017 oder eben die vorliegende Anthologie werden auf den Weg gebracht. Ehrenamtlich! Chapeau!

43 Autorinnen und Autoren sind dem Aufruf des Kreiskulturverbands gefolgt, einen Text für die Jubiläumsanthologie beizusteuern. Alle konnten und sollten sich angesprochen fühlen, und so finden wir Historisches neben Modernem, Plattdütsches neben Hochdeutschem, Heiteres neben Nachdenklichem, Texte von Schülern und Erwachsenen, von Profis und Nicht-Profis. Wie selbstverständlich stehen alle diese Wortwelten nebeneinander und offenbaren kulturellen Reichtum und Vielfalt. Für manchen Autor gehört es zum Normalsten der Welt, seine Texte gedruckt zu sehen. Manch anderen kostet es möglicherweise Überwindung, seine sorgsam gesetzten Worte in die Öffentlichkeit zu entlassen. So oder so, allen, die für dieses Jubiläumsbuch einen Beitrag geleistet und zur Verfügung gestellt haben, gebührt Dank und Respekt, und dass das Drostei-Jubiläum der Anlass für diese Textsammlung ist, freut uns sehr.

„Kunst ist schön, macht aber viel Arbeit", lautet ein zugegeben häufig verwendetes Zitat des Münchner Universalkünstlers Karl Valentin (1882–1948). Aber knapper und wahrer kann es eben auch kaum formuliert werden. All denen, die in dieser Anthologie vertreten sind, ist das ein allzu bekanntes Phänomen. Und natürlich kann niemand einem Künstler den schöpferischen, geistigen und kreierenden Prozess abnehmen oder vereinfachen. Aber: Es gibt Einrichtungen, Institutionen, Vereine und Verbände, die sich bemühen, bestehende Rahmenbedingungen zu verbessern, neue zu schaffen und auf diese Weise manches auch erst möglich machen. Der Kreiskulturverband, übrigens der einzige seiner Art in Schleswig-Holstein, tut genau das. Einen Baustein dieser Arbeit halten Sie gerade in den Händen.

Als Kulturzentrum mit einem eigenen Programm, aber auch als Kulturknotenpunkt des Landes Schleswig-Holstein können wir Akteure in der Drostei beurteilen und anerkennen, welche Arbeit von den Mitgliedern und besonders vom Vorstand des Kreiskulturverbands geleistet wird. Unsere Region profitiert davon spürbar und erlebbar.

Im Namen der Stiftung Landdrostei sage ich dem Kreiskulturverband herzlich „Danke!" für die schöne und wertvolle Zusammenarbeit. Ich wünsche den Autorinnen und Autoren dieses Buches eine große und interessierte Leserschaft.

Stefanie Fricke
Künstlerische Leitung Stiftung Landdrostei

Vorwort

Liebe Leserin, lieber Leser,

Sie halten ein einzigartiges Buch in Ihren Händen – eine Anthologie mit Texten über den und aus dem Kreis Pinneberg.

Anlass für die Herausgabe dieses Buches ist ein Geburtstag: Die Drostei, ehemals Residenz des dänischen Statthalters, heute das Kulturzentrum des Kreises Pinneberg und seit 1993 auch die offizielle Geschäftsadresse des Kreiskulturverbandes, wird 250 Jahre alt. Das ist für unsere Mitglieder ein Grund zum Feiern.

Während der „Drosteiwoche des KKV" im November 2017 werden Kunst- und Kulturschaffende aus dem gesamten Kreisgebiet einen Ausschnitt aus der großen Vielfalt ihres kulturellen Wirkens präsentieren.
Mit dem vorliegenden Buch erhalten Sie, liebe Leserinnen und Leser, einen Eindruck von der Bandbreite des literarischen Schaffens im Kreis.

Allen Autorinnen und Autoren, die unserem Aufruf gefolgt sind und einen Text für dieses Buch zur Verfügung gestellt haben, danke ich sehr herzlich.

Ich wünsche Ihnen viel Freude beim Lesen.

Elke Ferro-Goldstein,
Vorsitzende Kreiskulturverband Pinneberg e.V.

Der Tag, als ich nach Deutschland kam … ich war doch nur 17 Jahre weg

von Jörg Abke

Ein denkwürdiger Tag. Nach einer irre langen Autofahrt wieder in Deutschland. Inzwischen darf man zwar überall durchfahren an den Grenzen, aber man sieht genau, wenn man in einem anderen Land des Schengener Abkommens ankommt. Besonders merke ich es, wenn ich nach Deutschland komme. Ein komisches Land. Angeblich meine Heimat. Auch heute habe ich da noch meine Zweifel. Vertauscht wurde ich nicht, weil ich eine Heimgeburt bin. In Wilhelmshaven-Bant erblickte ich das Licht der Welt. Das Geburtshaus kenne ich. Aber stimmt das alles?

In 17 Jahren Portugal bin ich nicht einmal geblitzt worden. Kein Strafmandat wegen Falschparkens oder so. Obwohl ich das immer locker gesehen habe. Kam ein Polizist auf mich und meinen abenteuerlich geparkten Wagen zu, befiel mich eine Lähmung im linken Bein. Nur schleppend schaffte ich es zur rettenden Tür des Autos. Nicht ohne mich für meine Verletzung zu entschuldigen. Wort- und gestenreich. Hat immer geklappt.

Aber jetzt bin ich in Deutschland. Das Auto hat einen portugiesischen TÜV-Bescheid ohne Mängel. Der TÜV in Portugal sieht genauso aus wie in Deutschland. Nur die Schilder in der Halle sind auf Portugiesisch. Es war auch extra eine Einrichtung für Ausländer mit Autos aus deren Heimatländern. Meine deutsche Plakette war abgelaufen. Einfach an der Farbe zu erkennen. 70 Kilometer später war Schluss. Blaulicht stoppte mich auf einer Landstraße hinter Frankreich. Der Polizist erzählte mir nichts Neues. Falsche Farbe der Plakette. Lange Funkgespräche hin und her. Ich erklärte die Situation. Zeigte die Papiere. Doch welcher deutsche Polizist kann schon portugiesische Papiere lesen? Aber sie waren unerwartet freundlich. Wir durften fahren. Eine Neuerung in Deutschland? Wir sind alle freundlich? Wäre doch schon mal was.

Es geht fröhlich weiter in den Norden. Meine alte Heimat. Seit meinem 12. Lebensjahr lebte ich im Kreis Pinneberg. Zuletzt in der Marsch. Anfang 1994 ausgewandert nach Portugal/Algarve. Im September 2010 zurück nach Deutschland, in den Norden. Uetersen wird meine neue Heimat. Natürlich werde ich im Norden wieder angehalten. Die haben aber auch Luchsaugen hier, trotz Nebel. Es kommt zur Anzeige. Nicht mehr ganz so freundlich. Im Süden kennen die wohl doch etwas französische Lebensart mit einem Gläschen Pastis. In weiser Voraussicht hatte ich mir schon einen Werkstatt-Termin in Moorrege geben lassen, um das Auto sofort mit deutschem TÜV ganz sicher machen zu lassen. Sicher war es ja schon. Aber nur portugiesisch sicher. Das reicht nicht für die korrekten Nordlichter. Jedenfalls wurde später der Strafbefehl zurückgenommen, das Verfahren eingestellt. Weil ich alles gemacht hatte, um Schaden abzuwenden.

Aber der Irrsinn geht ja weiter. Irgendwie ist alles anders in der Heimat. Ich komme mir orientierungslos vor. Viele erkennen mich wieder. Viele nicht. Und einige erkennen mich, die ich noch nie

gesehen habe. Behaupte ich heute noch. Obwohl –
der Name …?

Einkaufen ist schon ein Fall für sich. Die
Supermärkte. Alles muss man selber machen. Auf-
laden auf das Band, in den Wagen packen. Das Geld
bereithalten. Selbst das Band läuft hier irgendwie
schneller. Beim Bezahlen frage ich mich: Kann man
noch etwas ohne Pfand kaufen? Wie soll ich das
wieder auf die Reihe kriegen! Ich habe das Gefühl,
ich muss alles an Verpackungen aufbewahren. Weil
es zurückmuss. In den jeweiligen Laden womöglich. In verschlingende Apparaturen stecken, die
zum Schluss einen bedruckten Zettel ausspucken.
Den darf man dann an der Kasse nicht vergessen
abzugeben. Ist wie Bargeld.

Das schaffe ich nicht. Es flimmert vor meinen
Augen. Der Deutschlandschock setzt ein. Wie eine
üble Unterzuckerung. Ich greife um mich und er-
wische mehrere Einkaufstüten mit der linken Hand.
Rechte Hand Portemonnaie und der Kassenbon.
„Die müssen Sie aber bezahlen, junger Mann …",
quäkt es an der Kasse. Ich lege einen Euro hin und
stürme hinaus. Ich will weg hier. Ein schreckliches
Land. Mein Sprachrelais knackt. Umgesprungen.
Ich spreche nur noch portugiesisch. Und denke englisch. Deutsch ist gelöscht. Farbig kann ich noch
gucken. Alles wird gut. Schnell in die neue Wohnung. Über die Mesusa an der Eingangstür strei-
chen. Das gibt Kraft und schafft Vertrauen. Die
deutsche Sprache kommt blockweise zurück.

Der Müll war für mich ein Rätsel im Norden.
Bunte Tonnen überall. Nur lila Müll konnte ich
nicht finden. Da arbeiten die bestimmt noch dran.
Ich musste fragen. Habe mich aber eine Woche

nicht getraut. Was sollte ich machen? Mir einen starken Akzent zulegen? Ich wollte doch nur wissen: „Wie trenne ich den Müll?" Eine schier unlösbare Aufgabe.

In Portugal gibt es nur Container. Die stehen überall an der Straße. Jeder darf sie benutzen und befüllen, womit er möchte. Die werden dann täglich geleert. Eine gute Sache. Gut, Umweltschützer schlagen jetzt die Hände über dem Kopf zusammen.

Ich habe es dann aber gewagt, die Frage zu stellen. Ein Mütterchen schien mir geeignet für diese Rätsellösung. In einem astreinen Hochdeutsch stelle ich meine Frage, die mich so beschäftigt. Sie schaut mich an. Ungläubig. Nach Hilfe suchend. Keiner da. Der Unterkiefer klappt nach unten. Ich fühle mich elend. Irgendwie ertappt. Wie so ein Ladendieb. Der Mund klappt wieder zu. „Wo kommen Sie denn her?" Zwei Schritte zurück. Abstand halten. Jetzt darf ich keine falschen Bewegungen machen. Ich erkläre mit ruhiger Stimme meine Situation. Lange im Ausland … hier alles neu … Bei normalen Menschen hilft das. Allein die Stimme. Hier nicht.

Erst als ein Nachbar kommt, der mich schon kennt, löst sich alles in Wohlgefallen auf. Wir liegen uns fast in den Armen. Ich, der Spätheimkehrer, und die netten Nachbarn. Und das mit dem Pfand habe ich auch begriffen. Ist doch gar nicht so schwer.

Wie war das noch mit den kleinen grünen Dosen?

Der Busfahrer

von Maike Bauer

Meine Großmutter kam mit ihren Kindern während der Kriegszeit als Flüchtlingsfamilie nach **Uetersen**. Was sie während der Flucht erleiden musste, bleibt im Unklaren und lässt sich, weil so viele Jahre inzwischen vergangen sind, schlecht nachvollziehen. Wichtig ist nur, dass Uetersen für sie zur Heimat geworden ist und sie bis ins hohe Alter hier gelebt hat.

Eine Geschichte, die mich immer berührt hat, spielte sich schon zu einer Zeit ab, als meine Großmutter bereits viele Jahre Witwe war und an Demenz litt. Heute kennt man diesen Begriff und weiß, was er bedeutet – für uns Enkelkinder hieß es damals, sie sei „tüdelig".

Meine Mutter pflegte meine Großmutter viele Jahre. Der geistige wie auch körperliche Verfall schritt immer weiter voran. Die Pflege war nicht immer leicht und wurde von Jahr zu Jahr aufreibender. Trotzdem war meine Mutter meiner Großmutter gegenüber immer geduldig und wiederholte Dinge eben mehrfach, wenn sie es wieder vergessen hatte. Im Nachhinein bewundere ich meine Mutter sehr für ihre Geduld.
Wir lebten im gleichen Viertel, aber in verschiedenen Wohnhäusern, so dass wir nach der Schule nicht nach Hause gingen, sondern immer öfter in die Wohnung meiner Großmutter. Meine Mutter

war tagsüber bei ihr, und wir aßen eben dort zu Mittag.

Die Demenz meiner Großmutter wurde immer schlimmer. Sie lebte viel in der Vergangenheit, sprach dann von ihrem verstorbenen Ehemann in der Gegenwartsform. Außerdem war sie der Meinung, sie würde sich noch in Gottschimm, ihrer alten Heimat in Pommern, befinden.

Eines Tages war meine Großmutter plötzlich verschwunden. Meine Mutter hatte nur kurz die Wohnung verlassen, um etwas zu erledigen, und als sie wiederkam, war die Wohnung leer. Meine Mutter suchte im ganzen Viertel und war in großer Aufregung.

Dann kam auf einmal meine Großmutter zur Eingangstür herein. Auf Nachfrage erklärte sie, dass sie zu Hause in Gottschimm gewesen sei. Sie strahlte über das ganze Gesicht und war sichtlich zufrieden mit sich und der Welt. Die Aussage, sie sei zu Hause gewesen, irritierte meine Mutter natürlich sehr, sie dachte sich aber nicht viel dabei. Erst einige Zeit später erfuhr meine Mutter von einem Busfahrer, der meine Großmutter und die ganze Familie aus Gottschimm in Pommern kannte, dass sie an der Bushaltestelle gestanden habe und einfach in seinen Bus eingestiegen sei. Auf die Frage des Busfahrers, wo sie denn hinwolle, erklärte sie: „Ich will nach Hause fahren! Nach Gottschimm!" Der freundliche Busfahrer überlegte und entschied sich dann, sie einmal eine ganze Rund-Tour mitzunehmen und sie anschließend wieder an ihrer Einstiegshaltestelle aussteigen zu lassen. Als er sicher war, dass sie nach Hause finden würde, ließ er sie beruhigt gehen.

Heute bin ich erwachsen und denke ab und zu an den freundlichen Busfahrer. Ausgerechnet an diesem Tag hatte der befreundete Busfahrer und ehemalige Nachbar aus Pommern Dienst und fuhr dann auch noch zufällig genau diese Strecke in Uetersen.

Von Pommern nach Norddeutschland: Trotz der Entfernung ist die Welt eben doch sehr klein.

Teufelchen

von Ingrid Bethke

„Au!" –„Au!" – und immer wieder „Au!" schrien die beiden Teufelchen durch den Wald und sprangen dabei von einem Bein auf das andere, wobei sie versuchten, die glimmenden Haare an ihren Schwanzquasten auszupusten. Der Förster Heinsohn beobachtete dieses Treiben voller Schadenfreude, hatten ihn doch diese beiden schon das ganze Jahr mit ihrem Schabernack bis zur Weißglut gereizt. Heute hatte er sie erwischt, als sie einer Gesellschaft von sechs Damen die Seelen gegen eine Handvoll selbstgepflückter Pilze abluchsen wollten. Diese günstige Gelegenheit hatte er abgewartet, um die Teufelchen endgültig mit einer Handvoll Schwarzpulver, einer langen Lunte und viel Überredungskunst schachmatt zu setzen und für alle Zeiten aus seiner Domäne zu vertreiben, denn diese diabolischen Gesellen waren nicht nur überaus frech, sondern auch sehr, sehr eitel. Heinsohn hatte den beiden vorgemacht, dass er ohne ihre Hilfe den großen Stein nicht aus dem Weg räumen könne und sie sich doch bitte auf den mit Schwarzpulver eingeschmierten Stein setzen sollten, damit der Stein besser rutschen würde und er nicht so viel Mühe hätte, ihn fortzuschieben. Von der Lunte, die er heimlich anzündete, hatte er nichts gesagt. So waren die beiden mit einem lauten Knall ein Stück durch die Luft geflogen, weil sie ja auf dem Stein gesessen hatten, und nun standen sie da, wütend, auf die List hereingefallen zu sein, und – viel schlimmer –

mit glimmenden Schwanzquasten. Mit dieser Täuschung hatte der Förster die teuflischen Störenfriede ein für alle Mal aus seinem Bereich vertrieben.

Übrigens heißt das Waldstück seitdem „Klövensteen", denn durch den Knall war der Stein in zwei Hälften gespalten oder, wie der Förster in seinem plattdeutschen Ausdruck meinte, „geklövt". Aber das nur nebenbei.

Die beiden Teufelchen machten sich humpelnd auf den Weg, konnten sie doch wegen ihrer unterschiedlichen Füße (einer ihrer Füße hatte die Form eines Tierhufes) nicht so rasch laufen. Ihre verbrannten Schwanzquasten drehten sie immer und immer wieder in der kühlen Luft, um die Schmerzen ein wenig zu lindern. So waren sie an einen unbekannten Ort nahe der Elbe gelangt, und der Hunger fing an, die Schmerzen zu übertönen. Die Beeren, die sie unterwegs gepflückt und gegessen hatten, waren nicht wirklich geeignet, um Teufelchen satt zu machen. Den Frosch, den sie gefangen hatten, mochten sie nicht roh essen, und ein Feuer zu entfachen, um ihn zu braten, das kam nicht infrage. Jedenfalls nicht heute. So suchten sie sich bei Dunkelheit ein paar schlafende Schafe und kuschelten sich vorsichtig in das wollige Fell. Sehr früh am nächsten Morgen verbellte sie der schwarzweiße Hütehund, und als sie dann noch der Hirte mit wilden Verwünschungen quer über die große Wiese scheuchte, da schmerzten die Schwanzquasten nicht mehr, dafür knurrten ihre Mägen lauter denn je.

Übellaunig und schweigsam zogen sie vorsichtig weiter, in der Hoffnung, nicht so bald einem weiteren Menschen zu begegnen. An einem kleinen See machten sie Halt, in der Hoffnung, den einen oder anderen Fisch zu fangen. Aber kein noch so kleines Fischlein ließ sich blicken. So hielten sie Ausschau nach Enten- oder Vogeleiern. Aber die Brutzeit war längst vorbei, und es blieben wieder nur rohe Pilze und Beeren, Beeren, Beeren.

Ein paar vergessene rote Kirschen hingen in den Zweigen der hohen Bäume, die lila Pflaumen waren noch ziemlich hart und sauer, und die Äpfel hatten allesamt noch ihre grasgrüne Schale. So sehnten sich die Teufelchen nach dem Garten des Försters Heinsohn zurück, in dem Gemüse wuchs und allerhand Federvieh herumlief, zusammen mit zwei kleinen Schweinchen, und von deren Futter man ständig etwas abzweigen konnte, vorausgesetzt, der Förster blieb nicht im Garten, bis alle Tiere die Koben ratzekahl leergefuttert hatten. Trotzdem kam ihnen der verbotene Garten jetzt wie das Paradies vor. Aber leider, es gab kein Zurück!

Am späten Nachmittag erreichten sie ungesehen eine Warft mit einem Kirchspiel. Vorsichtig erkundeten sie den winzigen Ort, wussten kurz darauf, welcher Bauer den besten Misthaufen hatte, in dem man sich die nackten Füße wärmen konnte, und wer seine Schweinchen mit gekochten Kartoffeln und Küchenabfällen fütterte. Hier gefiel es ihnen sehr, sehr gut, und sie richteten es sich so kommod wie nur irgend möglich ein. Auch ihr Betragen wurde von Woche zu Woche ein wenig besser.

Aber so ein kleines Teufelchen wäre nicht ein kleines Teufelchen, würde es nicht hin und wieder über die Stränge schlagen. Eines Tages lasen sie auf einem großen Zettel in gestochen schöner Handschrift am Brett vor dem Gemeindehaus Folgendes:

„Am nächsten Sonntag, dem Erntedankfest, lade ich alle Bewohner der Gemeinde Bishorst und ihre Gäste zum Gottesdienst herzlich ein." Unterschrift: Pfarrer Reinhold Ehrenfried. Die Teufelchen schauten sich verwundert an. „Meinst du, wir sind auch eingeladen?", fragte das eine Teufelchen. „Dummback", antwortete das andere, „kennst du einen Pastor, der Teufel zu seinem Gottesdienst einladen würde? Aber ich höre schon alle unbewachten Speisekammern des Dorfes nach uns rufen. Stell dir vor, eine geschlagene ganze Stunde können wir uns von Grützwurst zu Schinken oder Braten durchessen, wir können von Dickmilch mit viel Zucker oder süßem Sirup kosten und unsere Bäuche mit stinkendem Käse vollstopfen. Das sind doch mal fantastische, abenteuerliche Aussichten!" Gesagt – getan!

Als die Gemeinde beim Erntedank-Gottesdienst den ersten Choral anstimmte, schmausten die beiden Teufelchen gerade eine dicke Scheibe frischgebackenes Graubrot mit Leberwurst in Bauer Abelings Speisekammer. Bauer Brodersen würde später nur noch abgebissene Käserinde in seiner Speisekammer vorfinden. Voller Übermut probierten die beiden auch einen Schluck aus dem leise vor sich hin blubbernden Demion mit frisch angesetztem Johannisbeerwein.

Mit vollen Bäuchen, übermütig kichernd, inspizierten beide nun eine weitere Speisekammer, hatten aber nicht bemerkt, dass Hinnerk, der Knecht, in der Küche des Pastors saß. Hinnerk nahm kurzentschlossen einen Besenstiel und einen Stuhl, verkeilte damit die Tür der Speisekammer und rannte zur Kirche hinüber, immer laut rufend: „Pastor – Pastor, de twee Düvels sind in dien Spieskomer!"

Der Pastor bekam erst ein wutrotes Gesicht, lief dann aber mit wehender Soutane hinter seinem Knecht und den anderen Gottesdienstbesuchern her. Aber die Speisekammer war schon leer. Die beiden Teufelchen hatten sich durch das Fenster davongemacht und rannten so fix, wie sie mit ihren vollen Bäuchen und dem Wein im Kopf konnten, den einzigen Weg durch das kleine Dorf. Bald waren ihnen alle Dorfbewohner dicht auf den Fersen, und die Teufelchen mussten erkennen, dass sie in der Falle saßen. Bishorst lag auf einer Warft, rundherum war nichts als Wasser, und kleine Teufelchen konnten so ziemlich alles, nur schwimmen, das konnten sie nicht. So rannten beide zur flachsten Stelle, kämpften sich prustend und schnaufend und unter dem Gejohle und Gelächter der Dorfbewohner durch das eiskalte Wasser bis ans rettende Ufer auf der anderen Seite.

Auf dem Festland angekommen, schlugen sie sich recht bald in stachelige Büsche, aus Angst, jemand könnte ihnen folgen. Sie wollten nichts als die Nacht durchschlafen. Aber die Beine waren eiskalt, die engen Hosen klitschnass, der dicke Bauch brummelte stetig vor sich hin, die Mücken tanzten auf Brust und Armen, und zu allem Überfluss heulte in der Nähe ein Hütehund den Mond an. Irgendwann jedoch war auch die schwärzeste Nacht vorbei. Die beiden Teufelchen stapften tapfer über anscheinend endlose Wiesen, durch dickes Gestrüpp, mieden feste Wege, um nur ja keinem Menschen zu begegnen. Die Mittagssonne schien ein wenig wärmend vom Himmel, und das eine Teufelchen fragte das andere: „Meinst du, wir beide könnten irgendwann, irgendwo ein unteuflisches Leben führen?" „Was meinst du genau mit unteuflisch? Etwa freundlich zu den Menschen sein, ihre Seelen nicht verführen, vielleicht sogar sonntags zur Kirche gehen?"

„Na, warum denn nicht? Einen Versuch wäre es doch allemal wert!", dröhnte eine tiefe, feste Stimme hinter ihnen. Erschreckt drehten sich beide Teufelchen um. Vor ihnen stand ein Riese von einem Mann, so groß und so breit und mit einem gewaltigen Bauch unter dem Talar, aber mit einem freundlichen, breiten Lächeln! Die Teufelchen standen stocksteif, unfähig, sich zu bewegen oder etwas zu antworten, und ahnten, bei diesem Pastor durften sie keine Widerworte sagen.

„Ihr geht jetzt mit mir. Meine Kirche in Haselau könnt ihr gleich sehen, dort vorne lugt schon der sechsundvierzig Meter hohe, hölzerne Glockenturm über die Bäume, und ihr beide werdet künftig die Zuckerhutglocke unserer Heiligen Dreikönigskirche mit dem langen Seil zum Klingen bringen – verstanden?!" Die beiden Teufelchen nickten beflissen, denn sie merkten, das war keine Frage, sondern ein Befehl, zu dem man nicht Nein sagen durfte. Außerdem hielt der Pastor mit seinen kräftigen Händen jeweils das rechte oder das linke Ohr der Teufelchen fest, ging mit großen, weiten Schritten schnell auf die Eingangstür der Backsteinkirche in Haselau zu. Die beiden Teufelchen stolperten artig neben ihm her, damit die Ohren nicht noch mehr schmerzten als ohnehin in dem festen Griff.

Der Pastor ließ die beiden Teufelchen im Stall bei den Pferden schlafen, dort war es warm, und es gab ausreichend Heu und Stroh. Außerdem regelmäßig eine warme Suppe und genügend Brot, so mussten die beiden den Pferden nichts stibitzen. In den großen Garten durften sie nur zusammen mit dem Pastor, damit sie dort keinen Unfug machen konnten, wie etwa vorbeigehende Dorfbewohner erschrecken. Am Sonntag aber durften sie an dem langen Seil ziehen, das die Zuckerhutglocke der Heiligen Dreikönigskirche zum Klingen brachte und die Bewohner von Haselau zum Gottesdienst rief. Natürlich musste der Pastor aufpassen, dass die beiden nicht zu übermütig am Seil hochsprangen und die Glocken ständig läuteten. Aber sie lernten leider nicht ihr überschäumendes Temperament zu zügeln, und es gab immer wieder Ermahnungen. Zur Strafe mussten sie dann den ganzen Tag im Stall verbringen, durften auch nicht mit dem Pastor in den Garten, wenn der nach seinen geliebten Rosenblüten schaute, die jetzt im Herbst allerdings recht schnell verblühten.

Eines Tages entwischten die beiden Teufelchen aus dem Stall in den Garten und rupften von jedem Busch die restlichen Rosenblüten ab. Das Donnerwetter folgte sofort, und die abendliche Schüssel Suppe war gestrichen.

Eine Weile versuchte der Pastor die beiden Teufelchen irgendwie zu liebenswerten Gesellen zu erziehen. Aber so freundlich er auch zu ihnen war, aus Teufeln kann man wohl keine Menschen machen, auch wenn es noch kleine Teufelchen sind. So ließ er sie in Ruhe, gab ihnen kleine und große Holzscheite und Schnitzmesser, denn er hatte gemerkt, dass es den beiden viel Spaß machte, wenn sie Figuren schnitzen duften.

Eines Morgens, es war schon weit im November, und es hatte in der Nacht geschneit, ging er in den Pferdestall, um nachzuschauen, ob die Teufelchen es auch warm genug hatten. Aber es waren keine Teufelchen im Stall. Im Stroh aber lagen zwei Holzfiguren, die der Pastor hochhob und anschaute. Es waren kleine Teufelchen, in ein langes Kleid gewandet, das bis zum Boden reichte und nur den einen Pferdefuß hervorblitzen ließ. Die beiden Ohren waren spitz, die Ansätze der Hörner auf dem fast kahlen Kopf waren deutlich zu sehen, auf dem Rücken des langen Gewandes war eine freie Stelle, durch die das kleine Schwänzchen mit der behaarten Quaste hervorlugte, und in den Händen, die auf dem Rücken gefaltet waren, hielt jedes geschnitzte Teufelchen eine kleine Rosenblüte. Dem Pastor lief eine Träne die Wangen herunter. Er schaute aus der Stalltür, sah im Schnee die unterschiedlichen Fußabdrücke der beiden Teufelchen. „Lasst es euch gut gehen!", rief er den beiden hinterher, ohne zu wissen, ob sie seinen Abschiedsgruß überhaupt noch hören konnten.

Wohin die beiden Teufelchen sich auf den Weg gemacht hatten, ist nicht überliefert. Ob sie im großen Kreis Pinneberg überhaupt noch irgendwann ein Mensch zu Gesicht bekam, das konnte bis heute auch niemand beantworten.

Merkwürdig ist nur, dass manchmal ein kleines, geschnitztes Teufelchen auftaucht, das eine Rosenblüte auf dem Rücken hält.

Haferflocken zum Frühstück

von Danièle Boidin-Schilling

Inspektor Karl Valentin gönnte sich eine Auszeit im kleinen Lokal am Steindammer See und trank genussvoll einen Kaffee. Er mochte diese kleine Oase der Ruhe im Herzen der Stadt. Er wollte sich gerade eine Zigarre anzünden, als sein Handy klingelte. Das altmodische Läuten der früheren Telefone, das er auf sein Handy aufgespielt hatte, ließ ihn jedes Mal zusammenfahren. Leute in seiner Nähe schreckten auch hoch, und das wiederum amüsierte ihn.

„Valentin!", bellte er genervt, denn nichts hasste er so sehr, wie in der Pause gestört zu werden. Seine Assistentin meldete einen seltsamen Mordfall und bat ihn, in das Kosmetikstudio einer Karin Kaschmir in die Ansgarstraße zu kommen.
„Sie wissen, wo sie ist?", fragte sie vorsichtshalber, da ihr Chef erst kürzlich nach Elmshorn versetzt worden war, warum auch immer.
Karl Valentin brummte: „Ja, ja. Ich muss durch diese komische Badewanne durch und dann links. Ich bin gleich da." Er klappte das Handy zu und schnappte seine Autoschlüssel vom Tisch. Als er zum ersten Mal den Begriff „Badewanne" hörte, dachte er, dass die Elmshorner einen merkwürdigen Sinn für Humor hätten. Als er jedoch bei starkem Gewitterregen die besagte Bahnunterführung durchqueren musste, verstand er den Spitznamen, wäre er doch bald in einer tiefen Wasseransammlung stecken geblieben. Die Wanne war vollgelaufen!

31

Als er den Tatort erreichte, führte ihn ein Polizist zum Behandlungsraum. Auf dem Kosmetikstuhl mitten im Zimmer lag eine Frau, deren Alter er zunächst nicht schätzen konnte, da ihr Gesicht von einer unförmigen Maske bedeckt war. Den Händen und der Figur nach zu beurteilen, müsste sie um die dreißig sein. Ihre Unterarme waren an den Stuhllehnen festgebunden. Tief unter der Maske waren die Augen weit aufgerissen. Ein furchtbares Bild! Inspektor Valentin hatte nämlich unter der rauen Schale ein viel zu weiches Herz für einen Kriminalisten, der oft die schrecklichsten Sachen zu sehen bekommt. Er drehte sich angewidert zum Arzt um, der ihm berichtete, was er bisher festgestellt hatte.

„Todesursache ist Erstickung."

„Wie ist das passiert?"

„Ja, es sieht so aus, als hätte sie zuerst ein Schlaf- oder Beruhigungsmittel in den Kaffee bekommen. Sie wurde vorsorglich gefesselt, dann bekam sie eine breiige Maske aufs Gesicht, dabei wurden Mund und Nasenöffnungen nicht ausgespart. Sie war wohl schon benebelt, als es passierte, denn sie hat sich kaum gewehrt."

„Hat sie nichts bemerkt?"

„Ich nehme an, dass die Kosmetikerin ihr eine besondere Behandlung angeboten hat. Im ersten Moment hat sich die Masse wohl wie eine normale dicke Creme angefühlt, war aber in ein paar Minuten fest wie Beton. Um die Konsistenz und Geschmeidigkeit der Masse zu erhöhen, hat man leicht lösliche Haferflocken untergemischt. Hier steht noch die Packung. Keine gute Werbung für unser Musterunternehmen ... Für die Masse wurde entweder Gips oder Tonerde oder Ähnliches benutzt.

Das muss noch das Labor klären. Die Frau hat schnell keine Luft mehr bekommen und ist erstickt. Man hat ihr sozusagen die Totenmaske am lebendigen Leib abgenommen!"

„Wer tut so etwas Perverses? Und vor allem warum? Doch nicht diese Frau …, wie heißt sie nochmal?"

„Kaschmir!"

„Weich wie Kaschmir! Sie muss doch denken, dass die Polizei sie sofort für die Täterin halten wird. Klug ist der Plan nicht!"

Karl Valentins Assistentin schaltete sich ein: „Wir haben schon herausgefunden, dass das Opfer auch Kosmetikerin ist und noch dazu die Geliebte von Herrn Kaschmir. Der arbeitet übrigens beim Hersteller der Flocken, was die Sache pikanter macht." Ihr schelmisches Lächeln erstarb gleich, als sie dem strengen Blick ihres Chefs begegnete.

„So schnell habt ihr das erfahren?"

„Nun, das singen die Spatzen von den Dächern. Es ist also eine Konkurrenzfrage, auf der ganzen Linie. Neid und Eifersucht: eine gefährliche Mischung."

„Aber das Opfer kam freiwillig zu ihr", gab der Inspektor zu bedenken.

„Kosmetikerinnen gehen auch mal zur Kosmetik, und die beiden haben sich gekannt, wohl schon seit der Ausbildung. Schauen Sie dort das Gruppenfoto. Wahrscheinlich waren sie sogar befreundet. Die Täterin muss eine richtige Mordswut gehabt haben. Wir müssen weitersuchen. Vielleicht gibt es noch einen Grund zu dieser Wut, den wir noch nicht erkennen. Aber die Täterin steht wohl fest."

Karl Valentin nickte. Der Fall schien also klar und einfach zu lösen. Die Akte wäre bald vom Tisch, vorausgesetzt, die Täterin würde schnell hinter Schloss und Riegel kommen. Er verließ den Raum, als ein Beamter hereinstürmte.

„Wir haben die Täterin geschnappt, also die mutmaßliche … also die Kosmetikerin … Frau Kaschmir", stotterte er ganz aufgeregt. „Sie wollte mit einem Kanu auf der Krückau zur Elbe paddeln und von dort verduften. Leider hat sie in ihrem Eifer einen anderen Kanufahrer angefahren … , der ein Kollege von uns ist. Er hat sie herausgefischt und hätte sie laufen lassen, wäre sein Diensthandy ausgeschaltet gewesen. Aber just in dem Moment bekam er die Fahndungsmeldung mit Foto. Pech für sie!"

Karl Valentin nickte zufrieden. „Gut gemacht, Leute! Dann kann ich ja zu meinem zweiten Frühstück zurückkehren. Ich überlasse Ihnen das Feld!" Die Geschichte hatte ihm allerdings den Appetit verdorben. Was er jetzt brauchte, war ein Schnaps, doch davon musste er die Finger lassen. Sonst käme wieder der Amtsarzt auf den Teppich. Dass wollte er partout vermeiden. Also würde er sich einen starken Kaffee genehmigen. Aber eins war sicher: Er würde eine Zeit lang keine Haferflocken mehr essen können.

Tanz in Heist

von Brigitte Brennecke

Arm in Arm wanderten sie auf der Straße entlang zur Heister Diele. Jede trug ein Täschchen und einen Schuhbeutel am Handgelenk, darin lagen die Tanzschuhe, die geschont werden mussten. Sie lachten erwartungsfroh und erzählten sich ihre Hoffnungen, Ursula, Betty, Annemarie und Liesel.
In einigem Abstand folgte Liesels Cousin Manfred, den die Eltern als Anstandswauwau mitgeschickt hatten, trotz allen Protestgejammers.
Endlich, nach sechs Kilometern, gelangten sie ans Ziel. Im Schutz der Hecke wechselten sie die Schuhe und stöckelten in den Saal. Erleichtert setzten sie sich an einen freien Tisch und bestellten Kikeriki, eine Mischung aus gelber Brause und Eierlikör. Das Getränk musste für den ganzen Abend reichen. Man trank es mit einem Strohhalm und tat oft nur so, als ob man etwas hochsaugte.
Zum Glück war Manfred an der Theke hängen geblieben, wo er sich mit einem Bier und einem Korn Mut antrank. Umso besser, seine Tugendbewachung mussten sie nicht mehr fürchten.
Der Saal füllte sich. Von der Theke wurden herausfordernde Blicke zu den Damentischen geworfen. Davon ließen sich unsere Vier aber nicht beeindrucken, einen Trinker wollten sie nicht als Tänzer, der schwankte, rempelte und schwitzte, und zudem griff er an den Po.
„Und nicht vergessen", sagte Ursula, „wenn ein Doofer uns nach Hause bringen will, sagen wir:

‚To Melkentied mötn wi to Hus sin.'" Ein paar Minuten redeten sie noch über doofe oder hübsche Kleider, über süße oder doofe Männer, dann begann die Musik. Ein Kavalier steuerte auf ihren Tisch zu, und alle senkten den Blick. Daher sahen sie erst im letzten Augenblick, dass es Herrmann war, der natürlich Betty aufforderte. Herrmann zählte zu den Doofen, trotzdem bekam Betty vor Aufregung rote Flecken am Hals. Die drei Zurückgebliebenen freuten sich, dass sie nicht alleine als Mauerblümchen am Tisch sitzen blieben, da konnten sie gut die Miene „Ich will sowieso nicht tanzen!" aufsetzen. Man konnte sogar über die Tanzenden lästern. In Tröpfchenschlucken nippten sie am Kikeriki und lachten perlend.

Betty kam glühend zurück. „Wenn du nicht aufpasst, musst du dich mit ihm verloben", neckte Annemarie.

„Gar nicht", antwortete Betty und wurde noch dunkel-roter.

Bei den nächsten Tänzen gingen sie alle ganz gut weg, nur einmal blieb Annemarie ganz allein am Tisch zurück. Das war die allergrößte Peinlichkeit. Sie flocht Zöpfchen aus den Fransen der Tischdecke und wagte nicht aufzublicken. Und gerade jetzt spielte die Kapelle drei Tänze hintereinander! Das tat sie natürlich fast immer, aber diesmal kam es ihr unendlich lang vor. Sie wäre gerne auf die Toilette gegangen, aber allein wagte sie das nicht, Mädchen gingen immer zu zweit, gackerten aufgeregt und platzten auf dem Örtchen fast vor Lachen über einen Tänzer und seine Worte, während sie ein goldfarbenes Döschen aus der Handtasche wühlten und die Nase puderten.

Endlich, endlich wurden die Freundinnen an den Tisch zurückgebracht, drei Tänzer verbeugten sich und entschwanden.

„Damenwahl!", rief der Kapellmeister. Jetzt hieß es entweder sofort zu dem Auserwählten laufen oder mit hochmütiger Miene am Tisch sitzenbleiben. Ursula bekam ihren Schwarm zu fassen, aber Liesel hatte Pech. Um nicht vergeblich losgerannt zu sein, forderte sie eine graue Maus auf, die hinterher zum Jägermeister einlud und dann den ganzen Abend anhänglich blieb.

Die drei anderen hatten auch recht gute Chancen, mal bei einem Fußtrampler, Nach-Bier-Riecher oder Po-Greifer, aber meistens bei normalen Tänzern, deren Gesprächsanfang regelmäßig „Ist das aber heiß hier!" war, was mit „Die Musik ist aber gut/schlecht, laut/leise!" fortgesetzt wurde.

Manfred schwofte eng umschlungen mit einer drallen Dorfschönheit, das gab Anlass zu vielen Bemerkungen während der Tanzpausen.

Jetzt entstand eine aufgeregte Drängelei am Ausgang. Manfred schien der Mittelpunkt zu sein.

Nachdem er den Busen der Heistmer Deern immer enger an sich gepresst hatte, war es ihm gelungen, sie zum gemeinsamen Verlassen des Saales zu überreden. Vermutlich hatte er auch „Ist aber heiß hier!" gesagt. Drei Einheimische versperrten ihm den Weg und schubsten beide zurück. Manfred drängelte nach draußen, der Aufruhr wurde immer lauter und sah nach Schlägerei aus. „Fass Elli nich an!", rief einer. Und: „Unse Höhner petten wi noch ümmers sülms!" „Bölkt nich rum", schrie der Wirt, „wenn hier einer laut wird, bin ich das und sonst keiner!" Die dralle Elli erkannte, dass es kein Schmusestündchen geben würde, und schlug sich seitwärts in die Menge. Manfred stand alleine seinen Widersachern gegenüber. Jetzt wurde er aus dem Saal gedrängt.

Die vier jungen Mädchen blieben unbeschützt zurück.

Schöne Stunden vergingen. Paare hatten sich gefunden und verließen den Saal, andere erkannten, dass heute nichts mehr zu erreichen war, und brachen auf. Gerade als Ursula, Betty, Annemarie und Liesel auch nach Hause gehen wollten, kamen zwei ältere Herren, sogar mit Glatze und etwas beleibt, und wollten alle vier an die Theke schleppen. Sie konnten sich sogar vorstellen, die netten Damen zu sich nach Hause mitzunehmen. Die Freundinnen sahen sich an. Dann platzten sie wie im Sprechchor heraus: „Geit nich, to Melkentied mötn wi to Hus sin."

An der Hecke wechselten sie die Schuhe. Auf der Straße wanderten sie nebeneinander Richtung Uetersen, aber die Füße passten nicht mehr in die Alltagsschuhe. Im Schutze der Dunkelheit zogen sie Schuhe und seidene Strümpfe aus und schlichen barfuß und schweigend den weiten Weg zurück. „Ich hab ganz runde Füße", jammerte Betty. „Ich finde, die Straße piekt", fügte Ursula hinzu. Als sie an die Holzbrücke, die über den großen schwarzen Fluss führt, kamen, seufzte jede: „Bin ich müde! Aber nächsten Sonnabend gehen wir wieder tanzen, ja?"

Boys – auch nur eine Sitcom

von Josefine Dreamer

Juli 2016

„Teilnehmer der Jugendinitiative mit Pfiff" und *„Unterstützt durch den Kreis Pinneberg"*

Das steht im Abspann der ersten drei Folgen von „**Boys**", der Online Sitcom von Gerrit Gronau. 2013 sind sie abgedreht worden. Sogar eine Premiere im *Burgkino* Uetersen gab es!

Vielleicht bin ich deshalb so nervös? Eingeschüchtert vom Erfolg und von der Reichweite dieses Projektes? Jetzt, drei Jahre später, stehe ich hier und trete von einem Fuß auf den anderen. Ich bin zu früh. Mal wieder. Eine Macke von mir.

Wenn man in einem kleinen Städtchen wie Uetersen lebt, ist man ein ruhiges Leben gewohnt. Will man Action, fährt man nach Elmshorn, Pinneberg oder gar Hamburg.

Doch einen Vorteil hat das gemütliche Leben: Wenn etwas passiert, dann wissen das gleich alle!
Ja, das ist definitiv der Grund dafür, dass sich meine Hände so verschwitzt anfühlen. Schnell wische ich sie an den Hosenbeinen ab. Mit einem Rucksack bepackt betrete ich das Jugendzentrum Uetersen.

Gerrit ist schon da.

Damals, nach den ersten drei Folgen, habe ich ihm gesagt, er könne sich gern an mich wenden, wenn er noch Hilfe bei seinem Projekt benötigte. Ob nun als Technikerin oder als Komparsin, war mir völlig egal. Ich wollte einfach Teil dieses Projekts sein. Doch dass ich wirklich ein Teil davon werden würde, habe ich nicht gedacht. Aber ich bin hier. In das nervöse Ziehen in meinem Bauch mischt sich das Kribbeln vom Stolz.

Gestern hat sich das alles noch anders angefühlt. Der Aufbau des Sets und der Lichttechnik sind für mich schon fast Routine. Als **Technikerin** der Theater-AG am Ludwig-Meyn-Gymnasium bin ich neue Sets und neue Lichteinstellungen gewöhnt.

„Vielleicht ist es beim Theater sogar noch etwas schwieriger als beim Dreh. Beim Theater muss alles fehlerfrei durchlaufen. Beim Dreh kann man immer wieder neue Takes aufnehmen", dachte ich in meinem naiven Leichtsinn. Jetzt weiß ich's besser. Aber hinterher ist man immer schlauer.

„Wie bekommen wir das alles ins JZ?", fragte ich Eddie, meinen Technikkollegen, nachdem er das Tor zum Lager aufgeschlossen hatte. „Ach, das passt schon", lachte er und schob einen Berg Kisten auf den Parkplatz.

„Gerrit kommt schließlich auch noch."

„Jop, genau! Rückbank umklappen, dann passt das schon!", gab ich zurück und half Eddie beim Beladen. Doch auch mit den zwei Autos wurde das schwer.

Aber: Was nicht passt, wird passend gemacht. Auch wenn die Alu-Stange ein Stück aus dem Fenster guckt, egal! Ist ja nicht weit!

„Wie gut, dass ich für den Abbau schon das Auto meiner Mutter gebucht habe", dachte ich froh. *„Die Ladefläche ist größer."*

Im JZ wurde das alles dann wieder aufgebaut. Traverse errichtet, Scheinwerfer angehängt, Strom und das Mischpult angeschlossen und natürlich das Set aufgebaut. Zuerst musste der Haufen an Sofas weg, damit Platz für die WG war. Und das alles bei dieser Hitze – in dieser drückenden, schwülen Luft. Das ist besser als jeder Sport!

„Das Sofa sieht irgendwie doof aus … nehmen wir das andere!"

Also wieder umräumen. Das eine weg, das andere hin. Perfekt. Ein Tisch durfte natürlich auch nicht fehlen. „Was nehmen wir denn da?", fragte ich leichthin.

„Am besten den schicken Steintisch, der kaum durch die Tür des Abstellraumes passt – auf der anderen Seite des JZ."

Mit schwarzem Stoff werden die Fenster abgedunkelt, schließlich will man immer dasselbe Licht haben. Problem ist nur, wenn man schlichtweg zu klein ist, um an die dafür vorgesehenen Haken zu kommen – selbst mit Stuhl! Meine

Kollegen hatten nicht umsonst das eine oder andere Mal Sorge, ich könnte von der Fensterbank fallen.

„Wie, da ist kein Haken? Hängen lassen können wir das nicht, das sieht man auf den Aufnahmen!"

Was macht man da? Man klebt es mit *Gaffa Tape*, des Technikers liebstem Spielzeug, an der Wand fest! Immerhin kann man es fast überall verwenden, wo etwas befestigt werden soll.

Heute ist es wieder so drückend heiß. Die Scheinwerfer machen es nicht besser. Da tun einem die Schauspieler schon leid. Vor allem die beiden im Affen- und Kylo-Ren-Kostüm!

Die **Uetersener Nachrichten** besuchen uns bei den letzten Vorbereitungen. Ich weiß nicht recht, wie ich mich verhalten soll. Eigentlich mag ich nicht im Rampenlicht stehen, aber es soll die ganze Crew aufs Bild. Mit Erleichterung stelle ich fest, dass es nicht nur mir allein so geht. Allerdings können die Schauspieler das besser verstecken. Und meine Technikerkollegen kennen das bereits von 2013. Ich hingegen bin neu. Unerfahren. In den nächsten Tagen werde ich in der Zeitung zu sehen sein. Hoffentlich wählen sie ein Bild aus, auf dem ich nicht allzu doof gucke!

„Kamera läuft … und Action!", ruft Gerrit nicht zum ersten und sicher nicht zum letzten Mal heute.

Wir filmen eine Tür, hinter der Max (alias Jonathan) steht. Er öffnet die Tür und sieht Chrissie (alias Jessy) an – und beginnt zu lachen, ehe er seinen Satz gesagt hat!

„Ich hab nix gemacht!", ruft Jessy lachend.

„Du guckst komisch", lacht Jonathan und schließt die Tür.

„O.K. Konzentration", dirigiert Gerrit. Doch es hilft nichts: Jonathan lacht schon, als er die Tür wieder öffnet. Hat er sich beruhigt, verfällt Jessy ihrerseits in einen Lachanfall. Inzwischen hält sich das ganze Team den Bauch.

„Jessy, warte mal. Ich probier was", sagt Gerrit und tauscht mit ihr die Plätze. Jonathan bekommt davon nichts mit. Der wartet hinter der Tür auf das „Go".

Als er die Tür öffnet, stürmt Gerrit vor und erschreckt seinen langjährigen Kumpel. Es wirkt! Wir schaffen es durch diese Zwei-Minuten-Szene.

18. September

Heute ist Premiere. Wenn ich so an die Drehtage zurückdenke, muss ich grinsen. Ich bin so gespannt auf die Folgen und vor allem auf die ganzen Outtakes! Sie werden wieder zuerst im Burgkino gezeigt, bevor Gerrit sie bei YouTube veröffentlicht. Es hat mich schon verunsichert, in der Zeitung zu stehen … aber in zwei Tagen kann mich die ganze Welt sehen! Ein flaues Gefühl setzt sich in mir fest. Das kann auch der Alkohol vom Sektempfang nicht wirklich vertreiben.

Wir werden nicht enttäuscht! Das fertige Werk zu sehen erfüllt mich ungemein mit Stolz, und so kann ich auch mit erhobenem Haupt auf die Bühne gehen, als Gerrit uns zusammenruft. Jeder soll schließlich noch ein eigenes Plakat bekommen!

Er hat sich große Mühe gegeben und sogar eine kleine Aftershowparty mit Canapé-Buffet organisiert! Damit übertrifft er jede bisherige Premiere. Immerhin ist dies seine fünfte.

„Sozusagen feiern wir heute auch **Jubiläum!**", stellt er auf der Bühne stehend fest und grinst.

Ja, wir alle fühlen uns gut, denn wir haben etwas Eigenes auf die Beine gestellt.

„Entschuldigung, du bist doch auch eine Schauspielerin?", spricht mich eine mir unbekannte Frau an. An der Hand hält sie einen kleinen Jungen, der mich mit großen Augen anschaut und eines unserer Plakate fest umklammert.

„Ehm, nicht direkt. Ich bin nur Komparsin", gebe ich zu und grinse verlegen.

„Das zählt doch als Schauspielerin! Gibst du meinem Sohn ein **Autogramm**?", fragt sie freundlich und schiebt ihren Jungen vor. Kann man da überhaupt nein sagen, wenn einen kleine Kinder so niedlich angucken?

„Natürlich", sage ich unbeholfen und kritzele meinen Namen auf sein Plakat. Glücklich zieht er von dannen und lässt mich mit meiner Verwunderung allein. Ich habe mein erstes Autogramm gegeben. Das löst ein Kribbeln in mir aus. Geht es den großen Hollywood-Stars auch so?

Stolz mische ich mich wieder unter die Leute.

Also? Wer sagt, dass man erst in eine größere Stadt gehen muss, um etwas zu erleben? Die kleinen Dinge sind doch immer die besonderen, und das erlebt man nur hier. So meine Meinung. Man muss nur richtig hinsehen …

Ein Zauberstab

von Margot Drews

Mein Sonntagsspaziergang, auf dem mich meine Enkelin Sophie mit ihrem Fahrrad begleitet, führt mich zum Friedhof. Vom Hollandweg aus biegen wir in die Humboldtstraße ein. Ich gehe gemächlich den Hohenbalg entlang; Sophie fährt vor mir, stolz, weil sie schon so gut Fahrrad fahren kann, und so gelangen wir durch einen der Nebeneingänge auf den Pinneberger Stadtfriedhof. Buntes Herbstlaub gibt mir das Gefühl, durch einen Park zu wandeln. Wenig später befinde ich mich am Grab meiner Freundin.

„Was steht da drauf?" Völlig unerwartet ertönt hinter mir die helle Stimme von Sophie.

In jenem Augenblick durchtrennt sie schlagartig meine Erinnerungen an eine intensiv erlebte, wundervolle Zeit.

Ich drehe mich langsam zu ihr um. Was antworte ich ihr denn jetzt? Ich überlege noch, da erfolgt schon die eben gestellte Frage erneut. „Oma, was steht da drauf?"

„Da steht ein Name", antworte ich zögernd und überlege gleichzeitig, wie ich auf weitere Fragen antworten könnte. Ich lenke sie ab, denke ich, das klappt doch meistens bei Kindern.

„Bitte fahr noch ein wenig mit deinem Fahrrad. Auf dem Weg dort scheint die Sonne gerade so schön, wir gehen auch gleich weiter."

Sie aber legt ihr kleines, pinkfarbenes Rad auf den geharkten Weg. Nicht das Fahrradfahren interessiert sie jetzt, sondern sie will etwas wissen und zeigt mit einem Finger auf den Grabstein. „Und wer ist das?" Was möchte ein vierjähriges Kind hören, was kann ich ihr daraufhin Glaubwürdiges und Kindgerechtes sagen? Vielleicht einfach die Wahrheit oder doch lieber eine kleine Notlüge einbauen?

Ohne auf meine Antwort zu warten, fragt sie mit gedämpfter Stimme: „Kennst du den Menschen?"

„Ja, das ist meine Freundin", sage ich. In derselben Sekunde spüre ich, wie mir die Tränen in die Augen schießen. Hoffentlich fragt sie nicht weiter.

„Und warum stehen da so schöne Blumen?"

„Komm, lass uns gehen." Bei dem Versuch, ihr Fahrrad hochzuheben, stellt sie die nächste Frage: „Wo ist denn deine Freundin?"

„Sie ist tot und liegt hier."

Was mag wohl jetzt in ihrem kleinen Köpfchen vor sich gehen! Habe ich richtig geantwortet, hätte ich doch lieber eine Ausrede gebrauchen sollen?

„Auf den anderen Steinen da stehen ja auch Namen drauf, kennst du die auch?"

„Nein, die nicht." Warum hört dieses Kind nicht auf zu fragen?

„Sind die auch alle tot, und wie heißt das hier?"

„Das ist der Pinneberger Friedhof. Sieh mal, dort läuft ein Hase."

„Oh, wie süß."

Leider klappt die Ablenkung nicht wie erhofft, denn die neugierige Nervensäge setzt erneut an.

„Liegen die in der Erde, wenn die tot sind?"

„Ja."

Wie kann eine Vierjährige nur solche Fragen stellen, warum habe ich sie überhaupt mitgenommen auf den Friedhof?

„Kommen alle Menschen in die Erde, wenn sie tot sind?"

Ihre Worte klingen jetzt so, als würde sie wissen wollen: Fahren wir nachher noch irgendwohin? Ich glaube, ich antworte ihr ganz klar und verständlich, falls sie sich mit meinen Ausführungen noch nicht zufriedengibt.

Nach kurzer Überlegung fragt sie mit trauriger Stimme: „Bist du dann auch irgendwann tot?"

Sie steigt bei der für mich nicht leicht zu gebenden Antwort mit einem Bein auf ihr Fahrrad, und ich hoffe, damit ist nach meiner eilig gesagten Zustimmung „Ja, ich auch" ihre Fragerei nun endlich beendet, und drehe mich um.

Wie kann ich sie trösten? Während ich darüber nachdenke, sagt sie ängstlich: „Ich auch und Mama, Papa und Leonie auch?"

Ich blicke in ihr bekümmertes Gesicht.

Entschlossen antworte ich schnell: „Alle Menschen müssen einmal sterben, aber du bist ja noch ein Kind."

„Kinder sterben nicht?"

Nach dieser Frage kann ihr nicht in die Augen sehen, und ich kann ihr auch nicht die Wahrheit sagen: „Nein, Kinder sterben nicht."

Als ich einen letzten Blick auf das Grab meiner Freundin werfe und mich zum Gehen entschließe, sieht mich meine Enkelin plötzlich mit strahlenden Augen an. Sie hält ihr Fahrrad fest in den Händen, und ihre aufrechte Haltung signalisiert mir, dass sie eine gute Idee hat: „Oma, du weißt doch, ich wünsche mir vom Weihnachtsmann einen echten

Zauberstab. Damit fahren wir wieder her, dann zaubere ich, und alle Menschen hier kommen wieder aus der Erde."

PI

von Dörte El Sarise

„Ihr habt ja ein tolles Kfz-Zeichen hier im Kreis Pinneberg!", rief entzückt eine Freundin, die aus Bayern zu Besuch war.

Ja, von unserem Pi bin auch ich begeistert, denn was gibt es auf den Nummerschildern für wunderbare Zusammensetzungen samt Informationen über die Kfz-Halter!

Da sind einmal die Angaben über die Namen.
PI-LP? LP steht natürlich für Ludwig Piepenbrink, wetten?
PI-IS? IS bedeutet ganz sicher Isolde Süßbier, nebenbei eine Friedensaktivistin mit leichten Rechtschreibproblemen. PEACE!

Manche Autobesitzer verraten auf ihren Kennzeichen am Wagen jedoch nicht ihre Namen, sondern ihre Geburtsorte. Ich bin hier in der Gegend z. B. schon auf manchen gebürtigen Bremer gestoßen: PI-HB!
Hm, mit HB könnte sich natürlich auch jemand als militanter Raucher outen!

Richtig Verwirrung stiftete bei mir jedoch ein schwarzer Mercedes, auf dessen Nummernschild PI-NK stand. Da stimmt doch vorne und hinten was nicht!

Meistens verrät das PI-Autokennzeichen jedoch den Beruf des Halters. Da wäre beispielsweise der BILD-Redakteur mit PI-LD! Die Bildzeitung nimmt es mit der Rechtschreibung nicht immer so genau, dafür aber ja mit dem Wahrheitsgehalt der Artikel.

Dann hätten wir den DJ im Wagen mit PI-DJ, den Pizzabäcker mit PI-ZA, den Bierbrauer mit PI-LS, den Schweinezüchter mit PI-G.

Die größte Gruppe unter den Berufsbezeichnungen ist die der Ärzte. Der Kreis Pinneberg ist voll davon: PI-EP: der Tierarzt, PI-KS: der Allgemeinmediziner, PI-PI und PI-MM: der Urologe, PI-PO: der Proktologe. Am meisten Eindruck kann man in diesem Zusammenhang mit PI-D machen: **P**räimplantations**d**iagnostiker! Wahnsinn, oder?

Dann noch zwei Berufe für Außenseiter: PI-US, ein Papst, und PI-FF (PAFF), ein Waffenhändler.

Aber nichts geht über die Brutalität einer Beschäftigung, auf die man auf Autokennzeichen in der Landeshauptstadt gestoßen wird: KI-LL!

Da lob ich mir die vergleichsweise harmlosen Berufstätigen im wunderbaren Kreis Pinneberg!

PS: Ich kenne einen, der auf seinem Autokennzeichen PI-IQ 195 stehen hat. Was für ein Angeber!

Diese liebenswert verrückte Welt

von Katharina Fast

„Meine Lieben, wenn ich euch alles beschreiben würde, was wir bis jetzt erlebt und gesehen haben, würde ich die ganze Nacht schreiben müssen. Diese Welt hier ist so ganz anders als die, aus der wir gekommen sind. Könnt ihr euch vorstellen, dass die Leute hier ihre alten Möbel, Fahrräder und Kleider einfach auf den Gehsteig stellen, damit sie abgeholt werden? Ich verstehe nicht, wieso sie rausgeworfen werden, sie sind viel besser und schöner als die, die wir zu Hause hatten! Wir klingelten bei einer Familie und fragten, ob wir das Fahrrad am Straßenrand für unsere Kinder nehmen dürften. Sie waren überrascht, dass wir fragten, dann führten sie uns in den Keller und meinten, wir könnten uns aussuchen, was wir bräuchten. Da nahmen wir noch einen Tisch mit.

Die Dörfer und Städte liegen hier nicht kilometerweit voneinander entfernt, so wie bei uns in Sibirien. Hier kann die Hälfte der Straße zu Halstenbek gehören und die andere schon zu Rellingen oder sogar zu Hamburg … Ein Ort verschmilzt mit dem anderen, und in den Geschäften sind die Regale mit Waren überfüllt, so dass man nicht weiß, was man kaufen soll. Mein Mann Peter zählte mal die Wurstsorten in einem Laden nach: Es waren achtundzwanzig!
Bevor wir der Gemeinde Halstenbek zugewiesen wurden, waren wir im zweiten Aufnahmelager Neu-

münster. Die Männer zogen eines Abends los, um die Stadt zu erkunden und landeten bei Aldi. Das sollte einer der billigsten Lebensmittelläden sein. Ihr kennt ja meinen Mann und wisst, wie gerne er ins Fettnäpfchen tritt. Als er die vollen Regale sah, ging er zur Verkäuferin und fragte: Erwarten Sie hohen Besuch von Politikern und haben deswegen so ein umfangreiches Sortiment im Angebot? Darf man davon so viel kaufen, wie man will? Die Verkäuferin schaute ihn an, als käme er von einem fremden Stern. Viktor und Oleg haben sich noch Tage später über ihn amüsiert.

Die Männer waren auch ein wenig irritiert, weil sie angeblich in der ganzen Stadt keine schönen Frauen gesehen hatten … Vielleicht lag es daran, dass sie sich so furchtbar anziehen? Das verstehe ich auch nicht: Hier kann man so schöne Kleider kaufen, aber die Frauen laufen in zerrissenen Jeans und in alten, verwaschenen T-Shirts herum, ohne Schminke, ohne schön frisierte Haare, und irgendwie sehen alle so blass wie gerupfte Hühner aus. Dafür sehen aber die alten Omis mit ihren grauen, schön ondulierten Frisuren und ihren Kostümchen wie kleine Pusteblumen aus. Wirklich eine verrückte Welt!"

Nelli ließ den Brief, den sie vor vielen Jahren an ihren Bruder geschrieben hatte, langsam auf den Tisch sinken … Als sie das letzte Mal bei ihrem Bruder gewesen war, hatte er ihr beim Abschied ein Päckchen mit Briefen in die Hand gedrückt: Die habe ich im Aktenkoffer aus Russland gefunden, als ich den Dachboden aufgeräumt habe. Ich glaube, du wirst sie mit großem Interesse lesen … Wir warteten immer ganz ungeduldig auf deine Briefe und lasen sie abends, wenn alle zu Hause waren und die Nachbarn dazu kamen. Wir fanden sie so spannend wie einen Roman!

Wie lange war das her? Zwanzig? Nein, fast fünfundzwanzig Jahre …
Die Zeit der Umsiedelung war für Nelli wie mit einem Nebelschleier bedeckt; zu schwer war diese Zeit für sie gewesen. Doch beim Lesen des Briefes riss der Schleier auf und zuerst tauchten in ihrem Gedächtnis ganz winzige Bruchstücke aus der Vergangenheit auf, dann immer größere, und sie fügten sich zu einem Puzzle zusammen.

Die großen, grünen Augen ihres achtjährigen Sohnes schauten sie mit so einer unendlichen Traurigkeit an, dass es ihr wie damals den Atem verschlug: Mama, ich bin ganz anders als die Kinder hier und ich werde auch niemals so sein wie sie!

Nelli umarmte ihren Sohn zärtlich: Hänseln dich die Kinder? Behandeln sie dich schlecht?

Nein, aber sie sind so anders, ich kann nicht so sein wie die …

Das brauchst du auch nicht, mein Liebling, ich liebe dich so, wie du bist … genau so, wie du bist, ist es richtig …

Es gab einige solcher Momente, in denen sie daran zweifelte, ob sie das Richtige getan hatte, ob ihre

Familie hier wirklich glücklicher sein würde. Doch das schlimmste Ereignis geschah gleich im ersten Monat, und daran mochte Nelli gar nicht denken …

Im ersten Aufnahmelager Dranse wurde ihrer Familie mitgeteilt, dass sie laut Vermerk im Aufnahmebescheid dem Land Sachsen-Anhalt zugewiesen würde. Die Enttäuschung war groß. Sie hatten alle gehofft, nach Nordrhein-Westfalen zu kommen, da sie ihrem damaligen Verständnis nach im „richtigen Deutschland" leben wollten und auch ihre zahlreichen Verwandten in diesem Bundesland lebten. Nelli fragte sich innerlich, woher sie damals den Mut genommen hatte, die Beraterin in holprigem Deutsch fast anzuflehen: Wir haben so viele Jahren unter den Kommunisten gelebt, geben Sie uns doch die Chance, jetzt auch einmal im Kapitalismus zu leben!

Da sagte die Beamtin schmunzelnd: Gut, weil ihr Mann heute Geburtstag hat, mache ich Ihnen ein kleines Geschenk: Sie dürfen wählen zwischen Hamburg und Schleswig-Holstein. Da das Zuhause von Nellis Familie auf dem Lande gewesen war, wählten sie Schleswig-Holstein.

In Krupunder wurden sie in einem Wohncontainer mit anderen Asylbewerbern untergebracht. Außer ihnen wohnten da noch eine Familie aus Bulgarien und ein Araber. Später sollten sie eine Notunterkunft beziehen, die in einem alten Gebäude eingerichtet wurde.

Alles war neu und ungewohnt. Sie gingen sehr oft am Krupunder See spazieren und Peter konnte es nicht fassen, dass niemand die wilden Enten erschoss, um daraus einen guten Braten zum Abendessen zu machen. Und wie leuchteten die Augen ihrer beiden Kinder, wenn sie sahen, wie Eltern mit ihren Kindern kleine Schiffe und Boote per Fernbedienung auf dem See fahren ließen!

Eines Abends kam der Leiter des Ordnungsamtes vorbei und drängte sie, eiligst ihre Habseligkeiten zu packen. Er würde sie sofort in die noch nicht ganz fertige Notunterkunft bringen, denn Neonazis hätten in Krupunder eine Demonstration gegen Ausländer angekündigt. „Aber wir sind doch keine Ausländer, wir sind Deutsche!", entgegnete Nelli verständnislos. Er antwortete nur: „Für solche Randalierer seid ihr alle gleich."

Nelli schossen Tränen in die Augen. Es war unbegreiflich: In Russland waren sie immer „die Nemzy und Fritzen" gewesen, und jetzt standen sie wieder an zweiter Stelle, nämlich als „die Russen". Vor allem wusste sie nicht, wie sie das ihrer achtzigjährigen Mutter erklären sollte, die als Deutsche während der Kriegsjahre und noch danach zur Genüge gelitten hatte.

Doch nach und nach lebten sie sich ein. Sie fanden Freunde und erlebten viel Unterstützung von einigen Bürgern aus Halstenbek und Umgebung.

Es war für Nelli nicht selbstverständlich, dass sich gleich nach der Einschulung der Kinder Eltern von Mitschülern meldeten, um die ganze Familie mit Rat und Tat zu unterstützen. So fanden nicht nur die

Kinder Freunde, sondern auch ihr Mann und sie selbst.

Nach zwei Jahren in Notunterkünften zog die fünf-köpfige Familie endlich in eine eigene Wohnung. Wie glücklich waren sie, wieder ein Heim zu haben! Nach und nach richteten sie sich ein und fühlten sich langsam zu Hause. Doch bald träumten sie davon, wieder ein eigenes Haus und ein Stückchen Land zu besitzen.

2001 konnten sie in Pinneberg ein altes Häuschen erwerben, das sie Stück für Stück renovierten und das seither ihr Zuhause ist. Nelli, die sich immer als Steppenkind bezeichnet hatte, war so froh, wieder einen kleinen Garten zu haben! Sie pflanzte Blumen und Beerensträucher, ja sogar Wein. Es dauerte zwar eine Weile, bis auch ihr Herz wirklich ange-kommen war, aber sie hatte Glück: Die Nachbarn waren sehr nett. Besonders Herr Ehlers. Nelli schloss die Augen und sah ihn vor sich, wie er Pfeife rauchend in seinem Vorgarten stand. Er stand sehr oft da, wenn sie von der Arbeit kam, als hätte er auf sie gewartet, grüßte freundlich und erkun-digte sich nach ihrem Wohl. Zum Geburtstag reichte er ihr als Erster einen Blumenstrauß über den Zaun. Zusammen mit Ehlers besuchten sie Konzerte oder saßen abends alle gemeinsam im Garten und unter-hielten sich bei einem Gläschen Wein, ganz wie Nelli und Peter es mit den Nachbarn in Russland getan hatten. Mit der Zeit lernten sie – Peter durch sein Hobby, die Bienenzucht, Nelli über Gesangs-auftritte und Lesungen – viele wertvolle Menschen kennen und schätzen. Ein Lächeln huschte über

Nellis Gesicht: Was für tolle Freundinnen sie hier gefunden hatte! Einige kamen genauso wie sie aus der ehemaligen Sowjetunion, andere waren hier aufgewachsen, so wie ihre Freundin Silvie. Was hat es schon zu bedeuten, in welchem Land du aufgewachsen bist, wenn du spürst, ein Mensch ist dir herzlich zugetan und auch in schlechten Tagen für dich da?

Nelli erwachte aus ihren Gedanken und schaute aus dem Fenster. Es schneite! Wie sie das liebte, wenn Schneeflocken die graue, triste Welt um sich herum in ein leuchtendes Wintermärchen verwandelten! Wie hatte sie in den ersten Jahren hier in Deutschland die verschneite Landschaft vermisst, mehr als alles andere!

Nelli wurde oft von ihren Freunden, die in Orten mit historisch gewachsenem Zentrum lebten, gefragt, was es denn in Pinneberg und seiner Umgebung für Sehenswürdigkeiten geben würde, womit diese Stadt überhaupt auftrumpfen könnte?

Ach, ihr versteht das nicht, lachte Nelli jedes Mal. Ihr kennt ja die Gegend hier überhaupt nicht! Wir sind ein Baumschulland, Rosenfelder schmücken unseren Kreis, wir haben natürlich einen Rosengarten, der mitten im Wald liegt, unser Verkehrsnetz ist gut ausgebaut. Wir haben die 250 Jahre alte, barocke Landdrostei, die einmal der Sitz des dänischen Verwalters war, und wir haben hier sogar einen Berg, in dem einer alten Sage nach Zwerge leben. Ja, ja, da gibt's nichts zu lachen! Nicht umsonst trägt die Stadt den Namen Pinneberg. Wenn ihr an

die Pinnau geht, werdet ihr sehen, dass das Ufer allmählich steiler und höher wird. Bedenkt, dass bei
uns im Norden eben jeder noch so kleine Hügel ein
Berg ist! In diesem Berg leben Zwerge, mundart-
lich auch Dwarge, die sich mit Vorliebe auf fremden Festen und Hochzeiten, wenn die Gesellschaft
das Tanzbein schwingt, über die reich gedeckte
Tafel hermachen und sich so richtig die Bäuche
vollschlagen … Wir können auch in die Marsch
fahren, in die freie Natur: Der Legende nach steht in
Haseldorf mitten auf dem Feld eine uralte Eiche, die
ein sehr schlechtes Karma hat, denn an ihren Ästen
wurden früher Sträflinge aufgeknüpft, und im
Mittelalter sollen bei ihr Hexenverbrennungen stattgefunden haben … Doch die frischen Äpfel, Pflaumen und Beeren, die die Bauern dort verkaufen,
interessieren mich mehr als alte Schauergeschich-
ten ... Aber am meisten schätze ich die Menschen
hier. Sie erscheinen auf den ersten Blick ein bisschen ungehobelt und wortkarg, doch wenn sie dich
ins Herz geschlossen haben, kannst du auf sie
bauen.

Danke Deutschland, dass Du uns aufgenommen
hast!

Schatten über dem See

von Joachim Frank

Der junge Mann hatte seinen Wagen auf dem großen Parkplatz südlich vom Rantzauer See abgestellt. Schon oft war er die knapp zwei Kilometer lange Runde um das Gewässer gejoggt, mit einer seiner Freundinnen auf den Uferwegen spazieren gegangen oder mit Nichten und Neffen auf dem See Tretboot gefahren. Heute jedoch, an diesem nicht zu heißen Nachmittag im Juli, verfolgte er keine bestimmte Absicht und kein bestimmtes Ziel.

Es war sein erster Urlaubstag. Die Reise auf die Malediven würde erst in drei Tagen beginnen, aber bei einem Bummel um seinen Lieblingssee wollte er entspannt die Vorfreude auf das Kommende genießen. Vor der steinernen Brücke, die auf die beschauliche Schlossinsel führte, hielt er inne. Sein Blick glitt hinüber zum Galerie-Café, das den ungewöhnlichen Namen „Schlossgefängnis" trug. Dessen kleiner Glockenturm zierte eine Uhr, die beharrlich fünf Minuten vor neun anzeigte. *Ja, hier scheint die Zeit wirklich stehen geblieben zu sein,* dachte er schmunzelnd. Wie oft schon war er an der braunroten Tafel mit den geschichtlichen Informationen achtlos vorbeigegangen, aber heute blieb er stehen und las, dass dieser Ort keineswegs schon immer eine wie der Zeit enthobene Idylle gewesen war:

Die Schlossinsel Rantzau war

1140 bis 1300
Sitz der Ritter von Barmstedt. Sie waren Schirm-
herren der Kirche und gründeten im 13. Jahrh.
das Kloster Uetersen.

1300 bis 1650
war hier das „Haus Barmstedt", von dem aus der
Amtmann der Schauenburger Grafen in Bücke-
burg das Amt Barmstedt (mit Elmshorn und Hör-
nerkirchen) verwaltete.

1650 bis 1726
Residenz der Grafen zu Rantzau, unter denen das
Amt Barmstedt zur „Freien Reichsgrafschaft
Rantzau" wurde. Graf Christian erbaute das
Schloss. Nachdem 1721 Graf Christian Detlev
ermordet und sein Bruder Wilhelm Adolf als an-
geblicher Mörder verurteilt war, nahm der däni-
sche König die Grafschaft in Besitz.

1726 bis 1866
Sitz der Administratoren der dänischen Könige

Ab 1866
– in der preußischen Zeit, – Wohnung der Amts-
richter

1977   wurde das Amtsgericht Museum

1984   Übernahme durch die Stadt Barmstedt

So, so, dachte der junge Mann, *zu Dänemark hat das hier mal gehört und zu Preußen. Würde doch alle Geschichte irgendwann in einer derartig beschaulichen Ruhe münden wie an diesem Ort.* Lächelnd sah er auf die großen, weißen Skulpturen, die auf das dem Café gegenüberliegende Atelier einer bekannten Künstlerin verwiesen. Doch ihm war weniger nach Kunst als viel mehr nach einem Cappuccino zumute. Weil auf der Terrasse des Cafés alle Tische besetzt waren, schlenderte er weiter zum Restaurant „Zum Bootsstieg", fand aber keinen Platz mit Blick auf den See. Er passierte einen Spielplatz und im Schatten hoher Laubbäume stehende Bänke, auf denen sich ältere Leute ausruhten, Freundinnen klönten und Teenager auf ihren Smartphones herumtippten. Er setzte sich auf eine freie Bank und nahm seine Umgebung wahr wie lange nicht mehr: Hunde hechelten an Leinen vorbei, Mütter schoben Kinderwagen, Radfahrer kurvten um Passanten, eine Dame stützte sich auf ihren Rollator, und eine junge Frau schob eine alte, im Rollstuhl sitzende Dame vor sich her. *Fast ein Bilderbogen des ganzen Lebens,* dachte er, und als er sich in dieses Panorama einordnete, erfüllte ihn – jung, erfolgreich, gesund, am Beginn seiner Ferien und nur wenige Tage von einer verheißungsvollen Reise entfernt – ein Gefühl vollkommener Zufriedenheit.

Im „Seegarten" fand er seinen idealen Platz unter einem Schatten spendenden blauen Sonnenschirm, bestellte einen Cappuccino und versenkte sich in den Sportteil der mitgebrachten Zeitung. Als die Serviererin die Tasse auf den Tisch stellte, dankte er ihr und blickte über den See, den ein strahlend heller Himmel überwölbte. Herrlich war es, die milde Sommerluft auf der Terrasse dieses beschaulichen Cafés zu genießen.

Jetzt erreichte ihn das fröhliche Geplauder der anderen Gäste, das sanfte oder eindringlichere Ermahnen von Eltern an ihre herumtollenden Kinder, das erwartungsvolle Abwägen junger Leute zwischen den Angeboten auf der Speisekarte sowie das kleinliche Gezänk nebenan. Er schaute zu den langsam und lautlos dahingleitenden Tretbooten und über sie hinweg zum gegenüberliegenden, von Bäumen gesäumten Ufer, bevor er sich erneut in die Seiten seiner Zeitung vertiefte.

Ob er noch etwas haben wolle, wiederholte die Serviererin ihre Frage etwas lauter. Und mit seinem „Ja, dann bringen Sie mir doch bitte noch einen Cappuccino!" fand der junge Mann zurück in das Hier und Jetzt. Er blickte umher. Nicht weit entfernt saß händchenhaltend ein ganz junges, sehr verliebtes Pärchen, dessen Flüstern einen eigenen Raum um beide geschaffen zu haben schien. Dagegen stopfte ein Paar unweit davon auf eine Art schweigend Torte in sich hinein, die keinen Zweifel ließ, dass zwischen ihnen schon lange alles gesagt worden war. Er schaute auf den Uferrand, wo unter den Zweigen einer Trauerweide vermodernde Äste und Baumstämme aus dem Wasser ragten und inmitten des sommerlich beschwingten Lebens wie eine Vanitas wirkten. Gerade wollte er sich wieder seiner Zeitung zuwenden, als er eine Gruppe von vier Personen bemerkte – vermutlich eine Familie, die aus Italien oder Spanien stammen

mochte. Die Eltern waren sehr dezent und ge-
schmackvoll gekleidet, ein vielleicht sechzehnjäh-
riger Junge langweilte sich sichtbar in ihrer und der
Gesellschaft der Schwester, die gerade in diesem
Moment, als er seine Augen schließen und sich genüsslich zurücklehnen wollte, ihren Stuhl aus der
sie blendenden Sonne rückte und dadurch in sein
Blickfeld geriet.

Atemlose Sekunden!

Der edle Schnitt ihres Gesichts, die ein wenig oliv
getönte Haut und ihr pechschwarzes, schulterlanges
Haar, das in der Sonne glänzte, trafen so ganz
seinen Geschmack. Als sie zur Seite blickte,
bemerkte er die leichte Krümmung ihrer Nase.
Auch das gefiel ihm wunderbar. Und in ihren Ohr-
läppchen steckten weiße Perlen. Er schaute weg
und wieder hin, und nochmals durchfuhr es ihn.
Aber wie war es möglich, fragte er sich, dass
diese Schönheit, sie mochte Anfang zwanzig sein,
so gleichmütig, so gar nicht kokett und ohne
jedes Anzeichen davon, bemerkt werden zu wollen,
einfach so im Kreis der Familie dasaß? Man
plauderte fröhlich angeregt, und das Lächeln
zauberte noch einen besonderen Glanz auf ihr
Gesicht. Als sie eine Haarsträhne zur Seite strich,
bemerkte er ihre schöne lange Hand mit dem
schmalen Ring, der einen kleinen schwarzen Stein
umfasste.

Der junge Mann nippte ein wenig von seinem
Cappuccino und verbrannte sich die Zungenspitze
an dem zu heißen Kaffee unter dieser trügerisch
kühlen Haube aus weißem Milchschaum.

Er konnte den Blick nicht mehr von ihr wenden, und als sie endlich einmal in die Runde der übrigen Gäste sah, trafen sich ihre Blicke für einen Moment. Feuer und Fieber rasselten durch seine Adern. Beim zweiten Mal hielt sie seinem Blick eine Ewigkeit stand, so jedenfalls schien es ihm, bis sie sich in großer Ruhe und mit unverändertem Gesichtsausdruck wieder dem gerade sprechenden Vater zuwandte. Nervös hantierte der junge Mann mit der Zeitung herum, aber ans Lesen war ja nicht mehr zu denken! Was sollte, was konnte er tun? Tausend Möglichkeiten schwirrten durch seinen Kopf, eine so aussichtslos wie die nächste absurd.

Und die Zeit verstrich.

Ganz deutlich vernahm er, wie der Vater die Rechnung bestellte. Aber bis die kam, hatten sich ihre Blicke noch einige Male getroffen. Zuerst wie zufällig und flüchtig, dann aber zu oft, um noch zufällig sein zu können. Was sagte ihr Blick? Er konnte in ihren Augen nicht recht lesen, hoffte auf ein Zeichen, irgendeine Geste der Erwiderung. Aber ihr Ausdruck blieb sanft und gleichmütig, nicht gleichgültig, nein, so konnte man das nicht sagen, aber doch auf eine ihm unbekannte Art fern. Und gleich würde die Rechnung bezahlt sein.

Die Familie erhob sich. Der Vater verstaute seine Brieftasche und legte seiner Frau liebevoll und routiniert eine elegante Stola um ihre noch immer jugendlichen Schultern, der Junge rückte seine Baseballmütze so zurecht, als wollte er ausdrücken: „Das wäre geschafft!"

Und zuletzt erhob sie sich und sah ihn dabei so an, dass seine Welt stehen blieb.

Dann setzte sie, ihm immer noch direkt in die Augen blickend, den rechten Fuß nach vorn, tat den ersten Schritt zum Ausgang des Lokals und – sah er richtig? – knickte ein! Sie knickte bei diesem Schritt und bei jedem Schritt mit dem rechten Bein in der Hüfte ein! Irgendein schwerer Rückgratschaden, ein zu kurzes Bein oder eine Verkrümmung welcher Art auch immer ließ sie jeden zweiten Schritt in der Hüfte einknicken! Wie mit einem Schwung, mit einer fast übertriebenen Drehbewegung musste dann die Hüfte mithilfe des ganzen Körpers nach vorn geschoben werden, und ein Schaukeln entstand, ein Auf und Ab, ein ungelenkes Staksen durch die Reihen der Stühle und Tische, hin zu ihm, jedenfalls in seine Richtung.

Er starrte auf das Mädchen, sah ihm in die Augen, die noch einen Moment lang so wissend in den seinen ruhten. Doch lange, bevor sie seinen Tisch erreichte, hatte er seinen Blick gesenkt.

Von Hamburg nach Elmshorn

von Melanie Frey

2002 – Elmshorn, ich mag dich nicht.
Bin nur hier, weil du uns ein Haus bietest, das wir bezahlen können, und eine Arbeit in Tornesch. Raus aus dem geliebten Hamburg, rein in die Tristesse. Elmshorn, du erschließt dich mir nicht. Der erste Blick von der Autobahn auf die Hamburger Straße, hässlich. Das Teppich-Kibeck-Haus, hässlich. Das Einbiegen in den Hainholzer Damm – die Hochhäuser, hässlich, heruntergekommen.
Komm, nützt nichts, ich nehme dich, widerwillig, trotzig, neuer Lebensmittelpunkt, hier sind wir nun. Will nach Hause! Gegenüber von uns ein kleiner Edeka, mache eine neue Erfahrung: Die Ureinwohner unterhalten sich, die kennen sich, laufen sich zufällig über den Weg, reden miteinander. Wie dörflich, wie dumm, stehlen mir meine Zeit, mir, der Großstädterin.
Eingewöhnung meiner Zweijährigen bei der Tagesmutter. „Du kannst auch in die Stadt fahren und etwas einkaufen", sagt sie. Ich lächel idiotisch. Welche Stadt? Stadt ist Hamburg, hier ist Provinz. „Ach, du kennst hier noch gar nichts?", fragt sie einfühlsam. Ich lächel noch idiotischer. Will hier gar nichts kennen, bin eh bald wieder weg. Müssen nur ein wenig Geld zusammenkratzen für Rückzug, Umzug, Verzug, Wegzug. Einfach weg von hier. Stadt? Lächerlich! Fahre hin, schlender durch eine eintönige Einkaufsstraße, alles hässlich. Karstadt, aha, wo ist H&M? O. K., füge mich, will nach

Schuhen sehen. Die Läden machen zu? Um 18 Uhr? Was ist das denn? Provinz! Sagte ich doch, will nach Hause! Bevor die Kleine eingeschult wird, sind wir wieder in Hamburg, das sage ich allen! Elmshorn, ich kenne dich nicht und will dich nicht kennen. Deine Leute sind Dorfidioten, und deine Kulisse ist hässlich.

Was soll dieses Rathaus? Denkmalgeschützt, soso. Meine Freunde sind in Hamburg, ich hocke hier. Tote Hose. Komme eines Abends aus Hamburg zurück – hach, ein Sehnsuchtsbesuch – gehe durch den stockdunklen Steindammpark.

Für verrückt werde ich am nächsten Tag erklärt. Das sei so gefährlich. Ich lache – von oben herab. Ging in Hamburg von der Reeperbahn nachts alleine nach Hause. Was will da der Steindammpark? Ich lache – immer wieder. Wir fliegen in den Urlaub. Woher kommt ihr? Hamburg, antworte ich. Elmshorn will nicht über meine Lippen, never ever.

Es ist Dom, äh nein, Jahrmarkt. Wie süß, nach fünf Minuten bin ich einmal rum, und es regnet. Wie trist! Und wo bitte schön ist hier Sibirien und der Südpol, lächerlich. Schwöre: spare Geld! Versuche es. Will nach Hause. Zuhause ist nicht da, wo meine Familie ist, Zuhause ist Hamburg. Punkt!

Dann treffe ich Miriam, kommt aus Prisdorf. Sie ist gar nicht dörflich, nanu. Danach Jenny, zugezogen, und Katrin, zugezogen. Arbeite jetzt in Elmshorn. Gehe hier mit meinen neuen Freunden aus. Kantine, Casablanca, Lights, Fun – Lollipop, Jim Coffee eröffnet, Hamburggefühl. Die Hochhäuser in Hainholz werden renoviert, ein Dreiecksspielplatz gebaut, Geschäftszeiten verlängert, Hafenfest und Laternelaufen, das Kinderhaus, neue Begegnungen,

Stadtrundgang mit Nachtwächterin, oh, die Sonnenuhr über der Apotheke, noch nie hochgesehen. Warum eigentlich nicht? Theaterkasse und Bücherei im alten Gebäude. Schön. Die weiße Villa mit dem blühenden Baum, auch sehr schön eigentlich. Neue Geschäfte, H&M, mein Gott, göttlich! Buttermarktflohmarkt, Nacht der Gix, Nacht der Kirchen, das erste Weinfest, tolle Nachbarn, „Auszeit am See", Affenschaukeln und Tischtennisplatten – Steindammpark – wie schön jetzt auch am Tag! Das Torhaus, die Sportvereine, die Familienbildungsstätte, das Schwimmbad, Minigolfspielen in Sibirien, ach ja, Sibirien, Bowling, Kino – die späteren Anfangszeiten sind ja doch nicht so schlecht – Eisessen am Südpol, der Liether Wald, Schlitten fahren mit Glühweinbude auf der Hartschen Wiese, das erste Picknickkino, Kerzenziehen im Wasserturm, eine Führung durch das Industriemuseum, Silvester im Hof, wunderbar. Elmshorn – so vielfältig.
Treffe Leute einfach so auf der Straße. Die kennen mich, ich kenne die. Unterhalte mich, unterhalte mich bei Edeka an der Kasse. Lächel, entschleunigt. Huch! Elmshorn, was ist passiert? Schaue auf mich selber herab, belächel mich. Ertappe mich dabei, dass ich schaue, ob ich jemanden kenne, mit dem ich reden kann.
STOPP – Aber bevor die Große in die weiterführende Schule kommt, sind wir wieder in Hamburg – Hamburg, manchmal fahre ich noch hin. Wird anstrengend. Puh, immer zur Bahn und dann die Fahrt hin und dann wieder zurück ... im Dunkeln ... puh. Fahre lieber nicht durch den Steindammpark, sondern außen rum. Man weiß ja nie. Rufe: „Ich fahre kurz in die Stadt!" und meine Elmshorn. Kann es

selber nicht glauben. Jogge durch das Moor. Sehe Rehe, Kaninchen, Reiher, Gänse, Moorrinder (oder so). Es ist so schön hier! Habe einen neuen Partner, der ist Elmshorner. Ich meine, so ein echter Elmshorner, der hier alle kennt und alle grüßt und nie wirklich weg war von hier. Mit dem ziehe ich um. Innerhalb Elmshorns. Lese mittwochs die Elmshorner Wochenzeitung, wer ist gestorben, wer hat geheiratet, was steht in Urbatzkas Kolumne? Warte auf die Zeitung. Bin Provinzler, bin dörflich, wie dumm oder ... wie schön! Gefühlt dazugehörig.

„Mama", ruft meine inzwischen Fünfzehnjährige, „ich will nie weg aus Elmshorn! Hamburg ist mir zu laut, zu wild, zu viele Menschen. Ich liebe Elmshorn, ich bin Elmshornerin."

Ich schaue sie an und nicke: ja, stimmt, ich auch! Meine Heimat ist hier!

2016 – Elmshorn, ich mag dich!

Pinneberg ist ein Kreis ... (oder wie es anfing)

von Jutta Haar

„Und so frage ich euch, nehmt ihr die Wahl an?"

„Jawoll!" Ekkehard strahlte, er war ein ganz Lieber, ein Archetyp, konnte gleichzeitig unter beiden Armen einen mächtigen Baumstamm tragen und half jedem gern beim Bau eines Eigenheims.

„Jawoll!", sagte auch Baldur, den man nur noch Baldrian nannte, weil er grundsätzlich gegen Gewalt war und nur im äußersten Notfall Streitsuchende durch einen einzigen Schlag mit seiner kolossalen Faust in einen lang anhaltenden Friedensschlaf schicken konnte.

Das „Ja!" des Dritten klang etwas verhalten. Man hatte ihn nur gewählt, weil man einen brauchte, falls Ekkehard und Baldur verschiedene Problemlösungen vorschlugen. Also sozusagen als Zünglein an der Waage. Er war von kleiner und zarter Statur, aber dennoch etwas Besonderes. Seit er einmal im Meer einen großen Fisch gesehen und „Oh, Wal!" gerufen hatte, hieß er nur noch Owal und wurde bewundert für seine scharfen Augen.

Nachdem der Rest der Eiszeit in Pfützen geendet und Kiefern sich beeilt hatten, die karge Landschaft zu verschönern, wurde es immer wärmer und freundlicher. Eichen und Haltesträucher breiteten sich aus, verschenkten ihre Früchte an die Vierbeiner, die mit dickem, seidigem Fell die Menschen auf sich aufmerksam machten. So fanden Jäger und Sammler in den schönen Wäldern ein festes Heim. Aus Nomaden wurden Nachbarn. Immer mehr. Und ja, wie es dann eben so ist, es kann der Frömmste nicht in Frieden leben ...! Dieses Problem hatte sich nun gerade durch die Wahl der Volksvertreter erledigt, und die vor Begeisterung grölende Menge schickte sich an, das Wahlergebnis gebührend zu feiern.

„Und nun?", fragte Owal kläglich, als er sich mit Ekkehard und Baldur zur ersten Sitzung auf dem Boden der kleinen Lichtung niedergelassen hatte. Er hatte niemals Politiker werden wollen, er fühlte sich als Designer. Jeder wusste es, und man konnte es auch sehen, auf seiner Brust bummelte der Vorderzahn eines Rentiers, und niemand trug so formschöne, mit verschiedenen Fellstreifen verzierte Lederhosen wie er.

„Sie haben mir eine Liste überreicht!" Ekkehard zog einen flachen, vollgekritzelten Stein hervor. „Ein paar Rindviecher, Pfeilspitzen und Knochenschaber werden vermisst, außerdem noch ein wertvolles Geweihstück mit einer Feuersteinklinge und ein Weib. Irgendwer hat beantragt, den Müll in Zukunft zu trennen, einer will ein Nachtflugverbot für Gänse und, na ja, dann noch die üblichen Beschwerden wegen Krach. Das Wichtigste aber ist: Die Flöte, das seltene Einzelstück, ist auf der letzten Feier so kaputtgegangen, dass man sie nicht wieder reparieren kann."

„Nö", knurrte Owal und streckte mühsam seine Beine aus. „Ich kann jetzt schon nicht mehr sitzen. Ich beantrage, erst einmal einen Steinkreis zu bauen." Baldur und Ekkehard sahen sich an. Sie wussten nicht allzu viel von Steinkreisen, aber hatte nicht neulich ein durchreisender Jäger davon erzählt? Wie war das noch?

„Na ja!" Ekkehard kratzte sich am Kopf. „Ich könnte auch schnell mal eben einen Baumstamm holen, aber Sitzsteine? Andererseits – warum nicht? Fragt Einstein, ob er bis zur nächsten Sitzung liefern kann."

„Und wie sollen wir zahlen?"

„Okay." Baldur stand auf. „Wir beschließen heute einstimmig, oder? Einstein bekommt den Auftrag, dann kann er auch kostenlos etwas für uns tun. Dafür darf er dann mit uns politisch tätig werden, weil es für drei Leute sowieso zu viel Arbeit ist. Owal wird alles designmäßig überwachen. Dann sehen wir uns wieder wie geplant. Wow, unsere erste Sitzung ist hiermit beendet!"

Nach einer Woche präsentierte Einstein eine sonnenbeschienene Lichtung, auf der er mit Hinblick auf die große Arbeitsliste lieber gleich acht Steine im Kreis herum angeordnet hatte. „Man sitzt wirklich gut", lobte Ekkehard, und auch Baldur war begeistert.

„Geröllstein", knurrte Owal, „der ist viel zu kalt am Po!" „Es gibt keine wärmeren in der Gegend", warf

Einstein beleidigt ein, „außerdem liegt das ja einzig und allein an deinen dünnen Designerhosen!" „Ganz egal warum, aber wenn mein Po kalt ist, kann ich nicht denken. Ich beantrage hiermit für jeden bis zur nächsten Sitzung ein Kissen aus kuscheligem Biberfell!"

Eine Woche später war alles perfekt. Die wärmenden Felle waren urgemütlich, luden geradezu zum ausgiebigen Chillen ein. Ekkehard las die Arbeitsliste vor. „Womit sollen wir anfangen, eins nach dem anderen von oben herunter?" „Erst mal den wichtigsten Punkt." Baldur imitierte die Bewegungen des Flötespielens. „Wir brauchen bis zum nächsten Fest ein neues Musikinstrument. Inno hat etwas erfunden, er ist damit schon in der Testphase. Das ist wohl der Grund, warum sich viele über seinen Krach beschweren."

„Was ist es denn?"
„Er sagt, etwas nie Dagewesenes!"

Alle schwiegen ehrfürchtig, doch in dem Moment, es war wie ein Fingerzeig, kam ein unerwarteter, heftiger Wolkenbruch. Anschließend zuckten ein paar Blitze über den Himmel, obwohl es sonst eigentlich immer andersherum ablief. Der letzte Blitz traf einen Schwarm fliegender Gänse, die nun wie Geschosse auf die erschreckten Politiker herunterfielen.

„Das ist ein Zeichen!", schrie Owal. „Ich stelle den Antrag, ein Haus zu bauen; so nass, wie wir sind, können wir nichts entscheiden. Bei unseren wichtigen Aufgaben müssen wir einen kühlen und trockenen Kopf bewahren!"

„Angenommen!" Ekkehard nickte. „Ich besorge Holzstämme, und wir bauen bis zur nächsten Sitzung ein schönes eckiges Gebäude."

Baldur holte tief Luft. „Wenn wir bauen, dann rund!"

„Egal", rief Einstein, „Hauptsache aus Stein!"

Owal erinnerte alle daran, dass er als Designer längst schon aus gutem Grund das W in seinem Namen in ein V umgeändert hatte und für ihn natürlich nichts anderes in Frage käme als ein ovales Gebäude.

Weil man sich partout nicht einigen konnte, beschloss man die weise Alte zu befragen. Sie hatte von ihren Vorfahren versteinerte Knochen eines Flugsauriers geerbt, mit denen sie angeblich in die Zukunft schauen konnte. „Ah", sagte sie interessiert, „ihr wollt bauen, und wie?"

„Eckig!" – „Rund!" – „Oval!" – „Mit Steinen!"

Sie schüttelte aus einem Tierhautsack, der früher ein Fuchs gewesen war, ein paar gräuliche Knochen, die dumpf auf den Boden ploppten, und erklärte dann das Ergebnis:
„Eckig ist nicht gut, denn es wird sowieso mal hier in der Nähe eine nicht besonders schöne Hafencity mit klotzigen, eckigen Häusern geben!

Oval, oje, da sehe ich nicht weit von hier eine tief in die Erde gebaute Sporthalle, oval und kaputt!"

„Rund, was ist mit rund?" Baldur konnte es kaum abwarten.

„Das Runde gehört in das Eckige!", antwortete sie gedankenschwer.

„Was soll das denn!", empörte sich Ekkehard.

„Das ist die Quadratur des Kreises", sagte Einstein, „ein Sitzkreis in einem eckigen Haus."

Die Alte raffte alle Knochen zusammen und verschwand eilig, als sich Fäuste, Worte und Schreie zu einem unübersichtlichen Knäuel vermengten.

„Bei uns geht's rund", jubelte Baldur, „mit gutem Grund!" Dann führte er seinen berühmten beruhigenden Friedensschlag aus, und die Diskussion war entschieden – einstimmig!

In Rekordzeit entstand ein wunderbares rundes Gebäude.

Zur Einweihungsfeier servierte man gegrilltes Hirschfleisch, leckere dicke Knochen, aus denen jeder genüsslich das Mark heraussaugen konnte, Beeren und von Einstein selbst gezogene Wurzeln. Die Kinder spielten mit einem Ball aus netzartig verknüpften Pflanzenfasern, der im Inneren mit Heu gefüllt war, und zur Begeisterung aller präsentierte Inno ein mit Hirschzähnen gespicktes walzenartiges Baumstück. Die Technik war zwar noch nicht ganz ausgereift, aber wenn die Zähne beim Drehen auf die Pfeilspitzen in einem anderen Baumstück trafen, erklang jedes Mal ein leises „Pling", bei schnellerem Drehen sogar schon eine ganze Melodie.

Natürlich waren auch die Frauen eingeladen. Noch niemals hatten sie die Männer so bewundert, denn das Gebäude gefiel ihnen wesentlich besser, als sie es sich je hätten vorstellen können.

Ein großartiges Fest, nur der nächste Morgen barg eine unerwartete Überraschung für die Bauherren. Der so wunderschöne neue Kreissaal wurde in der Nacht von schwangeren Frauen besetzt und trotz lang anhaltender intensiver Verhandlungen niemals wieder zurückgegeben.

Was blieb anderes übrig, als ein neues Gebäude zu bauen! Schnell und friedlich einigte man sich auf den Vorschlag von Ekkehard, der eine kleine Eckkneipe zugesichert hatte. Aber aus Sicherheitsgründen lud man diesmal keine Frauen mehr zur Einweihung ein. Nur die Alte durfte kommen und die Zukunft voraussagen. Sie schüttete die Dinosaurierknochen vor die Eingangstür, stocherte ein wenig darin herum, dann lächelte sie zufrieden und sagte:

„Dieser Ort wird einmal Pinneberg heißen, und hier wird immer etwas los sein, denn Pinneberg ist ein Kreis – und im Kreis geht's rund!"

Wie man Unverkäufliches in Pinneberg doch verkauft

von Jörgen Habedank

Auch in Pinneberg werden Dinge verkauft. Dies vorweg. In Pinneberg gibt's Alldielidelpennys wie überall, es gibt Ha und Emm, Ce und A und zur Unterhaltung all dieser Konsumtempel auch das große rote ES. In den heiligen Hallen gibt es fast alles, was das Herz begehrt – so ist es ja mittlerweile flächendeckend in der ganzen Republik: Wohin man blickt, überall wird verkauft, gehandelt, es wird angeboten, und meist sind es noch Sonderangebote. Geschäftig wird alles Mögliche beworben, Dinge werden beschrieben, hervorgehoben und zum Verkauf aufgehoben, Preise werden erhoben, angehoben und per Rabatt wieder aufgehoben. Es finden sich sogar extra Gemeinschaften zusammen zum Werben. Das Werben soll zum Erwerben von all den Dingen führen. Wie überall geht es um Dinge mannigfaltigster Art, die verkauft werden sollen. Die Anzahl dieser Dinge aufzuzählen, würde den Rahmen dieses Berichtes sprengen, ihre Menge scheint sogar unendlich, weil immer wieder neue Dinge erfunden werden, die man dann unbedingt braucht, die also gekauft werden müssen. In der Regel gelingt dies fast selbstverständlich. Es gibt ein Ding, und dies Ding ist dann verkäuflich. Mit etwas Geschick bietet man das Ding an, preist seine Vorzüge und bietet es damit feil – selbstverständlich zum möglichst besten Preis. Ein uraltes Geschäftsmodell, das auch in Pinneberg funktioniert.

Nun gibt es allerdings auch unverkäufliche Dinge. Die Gründe dafür sind wiederum vielfältig. Es kann das Alter des Dings sein, seine Nutzlosigkeit, sein zu hoher Preis oder auch fehlende Werbung für das Stück. Verpfuschtes Design mag ein Grund für Unverkäuflichkeit sein, aber es gibt noch einen entscheidenden anderen Grund: Der Besitzer des Dings will sein Objekt gar nicht verkaufen! Weil es ihm viel bedeutet, weil es sehr wertvoll ist, weil das Ding kein Handelsobjekt ist, eher ein Liebhaberstück. Oder ein Kunstwerk, das so einzigartig ist, dass es nicht den Besitzer wechseln soll.

Und dann gibt es noch einen Grund für Unverkäuflichkeit – das Verhältnis von Kundschaft und Produkt. Es soll Fälle geben, in denen der Kunde nicht bereit ist für das Produkt. Er ist nicht vorbereitet. Er kennt das Produkt nicht, es ist ihm zu fremd („Wat de Buur nich kennt, dat frett er nich!"). Er ist nicht bereit, dies Produkt zu kaufen.

In Pinneberg nun scheint es einen fast ursächlichen Zusammenhang zwischen diesem „Fremdeln" und dem Phänomen Kunst zu geben. Das Geschäftsmodell „Kunstverkauf" jedenfalls funktioniert in Pinneberg eher schleppend, man ist fast versucht zu übertreiben und den Satz zu wagen: Kunst ist in Pinneberg unverkäuflich.

Sie doch zu verkaufen, das scheint nur mit Tricks zu gelingen, wie nun unsere Geschichte zeigen wird.

Der Autor kommt nach dieser etwas handelsunüblichen Einstimmung zum Kerngeschäft seiner Wahl: dem Erfinden von Dingen, von Bildern, die (wenn alles gut geht) zu Kunstwerken werden. Diese

Kunst soll dann auch verkauft werden – solange sie „verkäuflich" ist. Was aber nun, wenn eine Kunst, ein Kunstwerk – und das zudem in Pinneberg! – unverkäuflich ist? Davon wollen wir hören:

Der Autor (normalerweise eher Maler als Autor) hat sich mit dem Künstler in ihm selbst getroffen und ihn befragt, ob es Wege gibt, wie man sogar in Pinneberg etwas Unverkäufliches verkaufen kann. Der Künstler zögert nicht und verrät den Trick: mit Essen. Ja, man muss nur gutes Essen, wohl portioniert und schmackhaft zubereitet, mit anbieten, dann klappt's auch mit dem Verkauf. Da wurde der Autor hellhörig, und er wollte mehr erfahren. Also befragte er den Künstler nach Details: Herr Habedank, können Sie uns berichten, wie das geht, was zunächst so unmöglich klingt? Wie verkauft man Unverkäufliches?

„Herr Autor, das beantworte ich Ihnen gerne, und Sie dürfen mich ab jetzt wörtlich zitieren. Es geschah so: Vor vielen Jahren hatte ich eine Ausstellung in **dem** Kulturzentrum des Kreises, der Drostei, anlässlich eines so genannten Gourmetfestivals. Dort hatte ich neben vielen anderen Werken ein kleines Bild hängen, das auf der Bilderliste in der Spalte der Preisangaben als „unverkäuflich" bezeichnet war. Es war mir selbst lieb, weil es inhaltlich Bezug nahm auf einen meiner geistigen Vorväter, auf den Farbmaler Paul Klee. Nun kam ein Betrachter des Weges und betrachtete. Beugte sich vor, rückte die Brille zurecht, trat wieder zurück, betrachtete erneut. Und erachtete das Werk offensichtlich für interessant, in seinem Kopf schien sich ein Satz zu bilden: Das will ich haben. Denn der Betrachter kam zu mir und fragte: „Herr Habedank, sind Sie sich sicher, dass dieses Bild unverkäuflich ist?" – Ich antwortete: „Eigentlich ja." Das *Eigentlich* blieb im Raum hängen, ebenso wie das Bild. Der Betrachter ging seines Weges, ich ebenso. Nun führten unser beider Wege aber bald zum großen mehrgängigen Gourmetessen, das anschließend im fein abgesteckten und abgeschmeckten Kellergewölbe stattfand. Die Treppe heruntersteigend überholte mich das *Eigentlich* und formte sich zu einer Idee ...

Begrüßung, Begrüßungstrunk, erste Häppchen mit abgespreiztem kleinen Finger. Plätze suchen, hinsetzen, tatsächlich etwas hungrig sein. Das Essen beginnt: erster Gang; *soup of the day*. Der Ober kommt und geht. Ich bitte ihn zu mir und lege ihm einen kleinen Zettel aufs Tablett mit der Bitte: Können Sie das bitte dem Herrn Betrachter dort hinten am großen Tisch, dem dritten von rechts, bringen? Aufschrift auf dem Papierfetzen: **Linke obere Ecke.** Zweiter Gang; zwei Vorspeisen*: Granatapfel-Taboulé an Spargelspitzen* sowie *Räucheraal-Pralinen mit Kürbiskern-Topping.* Der Ober kommt und geht. Ich bitte ihn erneut zu mir, lege ihm ein zweites Zettelchen aufs Tablett. Aufschrift: **Rechte obere Ecke.** Dritter Gang; Hauptspeise Fleisch: *Lamm mit Mandeln, Safran und Minze, umgeben von einem Reisring.* Der Ober kommt und geht. Dritte Bitte, drittes Zettelchen: Aufschrift: **Linke untere Ecke.** Vierter Gang; Hauptspeise Fisch: *Seeteufelrücken auf Thunfischcreme, angerichtet mit Rosmarinschaum und einer Gabe zitronigem Zuchiniblütengratin.* Schon ziemlich satt, aber da muss ich jetzt durch. Also weiter im Text: Der Ober kommt und geht. Herr Ober, würden Sie nochmal kommen? Viertes Papierchen, Aufschrift: **Linke untere Ecke mit Signatur.** Fünfter Gang; Nachtisch: *Spekulatiuscreme an Birnenfächer auf Glühweinspiegel.* Der Ober kommt und geht. Nochmal muss ich ihn bitten: ein fünftes Papier auf sein Silbertablett, Aufschrift: **eine Monatsmiete.** Der Ober geht und kommt zurück, auf seinem Silbertablett ein Antwortpapier, Aufschrift: **O. K.***!* – Tja, so funktioniert das also, Angebote auf Silbertabletts, in Rätseln sprechen, unklare Preisangaben (die Monatsmiete war deutlich mehr, als ich mich sonst getraut hätte zu verlangen), und schon ist das Unverkäufliche übern Laden ..., äh, Essenstisch! Prost mit dem Champagnerglas! Und zum Abschluss noch 'n Espresso!

Die Träumerin

von Sibylle Hallberg

Sie hat sich immer wieder vorgestellt, aus dem Fenster in blühende Bäume und auf saftig grünen Rasen zu blicken, in dessen Mitte ein kleiner See liegt, zu dem ein schmaler Sandweg führt.

Mit der Abendmaschine ist sie angekommen und ihrer Freundin, die sie mit einem großen Strauß lila Flieder vom Flughafen abgeholt hat, einfach in die Arme gesunken. Fast gierig hat sie den berauschenden Duft des Flieders wie ein Lebenselixier eingesogen – wie lange hat sie ihn vermisst!

Vor lauter Ungeduld spürt sie die Erschöpfung noch gar nicht, als sie in Begleitung ihrer Freundin das Zimmer betritt, das für die noch verbleibenden Jahre ihres Lebens ihr Zuhause werden soll. Noch bevor sie die Inneneinrichtung richtig wahrnimmt, geht sie, so schnell es ihr Körper eben zulässt, zielstrebig zum Fenster. Am liebsten würde sie stürmen wie ein Kind. Es ist schon dunkel, so dass sie nur erahnen kann, was sie am nächsten Morgen bei Tageslicht sehen wird: Spärlich beleuchtet, liegen schiefe, wie zufällig angeordnete Dächer unter ihr, im Hintergrund erkennt sie die Silhouette einer Reihe von hohen Bäumen. Ein Park? Ein Wald? Links leuchten Straßenlaternen, unter denen sich die Lichtkegel zweier Autos bewegen.

Der Arzt hat sie vor der Reise noch einmal gründlich untersucht und ihr eine Reihe von Medikamenten verschrieben, damit sie die Klimaumstellung verkraftet und anfangs in Deutschland gut versorgt ist. Nach den ersten Eindrücken in der neuen Umgebung überfällt sie nun doch von einem Moment zum anderen eine bleierne Müdigkeit. Die Freundin drückt sie noch einmal fest und verabschiedet sich. Sie streift ein Nachthemd über, das sie aus dem vollen Koffer gefischt hat, und legt sich in das neue Bett. Es riecht zwar angenehm frisch, fühlt sich aber wie das ganze Zimmer so anders, so fremd an. Die Hoffnung, gleich einschlafen zu können, erfüllt sich nicht. Leise stöhnend dreht sie sich von einer Seite auf die andere, bleibt schließlich auf dem Rücken liegen und öffnet die Augen. Ihr Blick hakt sich im Halbdunkel an der Decke fest, und augenblicklich beginnen ihre Gedanken zu wandern. Verschiedene Abschnitte ihres Lebens spulen sich ab, ziehen wie Filme an ihr vorbei, fast wie am Abend zuvor, als sie von ihrem Haus Abschied nehmen musste.

Mehrere Jahrzehnte hat sie in dem weiß getünchten Haus auf der Deutschen liebsten Insel im Mittelmeer gelebt. Geboren und aufgewachsen ist sie in Neuwied am Rhein, wo sie auch ihr gesamtes Berufsleben als Grundschullehrerin verbracht hat, wo sie mit Mann und zwei Kindern ein typisch deutsches Familienleben geführt hat mit etlichen Urlaubsreisen in den Süden. Die Kinder sind längst erwachsen und in verschiedene Himmelsrichtungen ausgeflogen, die Asche ihres Mannes hat sie vor vielen Jahren mit einem Strauß weißer Lilien dem Meer übergeben, und in Pinneberg ist sie nie zuvor gewesen. Dennoch steigt seit langem, immer wenn sie an Pinneberg denkt, ein warmes, wehmütiges Gefühl in ihr auf, eine Sehnsucht, die sie als ihre Pinneberg-Träumerei bezeichnet.

Spät am letzten Abend ist sie noch einmal langsam die Steintreppe am Haus zur Dachterrasse hochgestiegen, hat sich in den alten Korbsessel gesetzt und über die langgezogene Bucht der Hauptstadt mit den funkelnden Lichtern und ihrer mächtigen, hell angestrahlten Kathedrale geblickt.

Dann hat sie die Augen geschlossen, und ihre Gedanken sind weit zurückgeschweift in frühere Jahre voller Leben und Glück. Wechselnde Bilder sind ihr erschienen, fast so wirklich wie die gepackten Koffer.

Da ist zuerst ihr Wohnzimmer: Die halb geschlossenen Fensterläden tauchen das Haus an einem heißen Nachmittag in diffuses Halbdunkel, Staubkörnchen tanzen lautlos in den eindringenden Sonnenstrahlen. Die Stille wird plötzlich vom Läuten des Telefons unterbrochen. Sie legt ihre Zeitschrift zur Seite und erhebt sich seufzend, aber erwartungsvoll vom Sofa. Am anderen Ende meldet sich eine Frauenstimme aus Pinneberg; sogleich huscht ein Lächeln über ihr Gesicht. Im Gespräch mit der fernen Freundin werden gemeinsame Erinnerungen wach, und längst Vergangenes erscheint noch einmal lebendig und zum Greifen nahe. Wie beide sich vor vielen Jahren kennengelernt haben, als sie noch die Schlüssel für das Ferienhaus nebenan verwaltete. Wie sie die ganze Familie zum ersten Mal auf ihre überdachte Terrasse einlädt und die fremde Frau von ihrem Wohnort Pinneberg berichtet, während der Mann und die beiden Kinder mit großem Appetit kalte Pizzastücke verdrücken. Wie sie von üppig blühenden Rhododendronhecken und Rosenfeldern erfährt, von Pferdekoppeln und Schafen auf dem Deich und von einem Bahnhof, an dem zwar viele Fernzüge vorbeirauschen, auf dem aber die S-Bahn mit weit geöffneten Türen auf Fahrgäste nach Hamburg wartet. Wie die neue Bekannte allerdings auch alte, verlassene Fabrik- anlagen beschreibt, die man im Vorübergehen nur mit „Bonjour tristesse!" begrüßen könne, außer- dem eine zwar zweckmäßige, aber schmucklose Autobrücke, unter der nicht nur die Bahngeleise verlaufen, sondern sich auch der Pinneberger Hafen befindet, so winzig klein, dass längst nicht jeder Pinneberger von ihm überhaupt weiß. Und weil das Wetter mit Sicherheit viele graue, kalte Regentage bereithalte, sei es ein Glück, in Hamburg ein Flug- zeug zu besteigen, um es bereits nach wenigen Stunden in weicher, warmer Luft wieder zu ver- lassen und mit allen Sinnen das mediterrane Klima in sich aufzusaugen. Palmen und Oleander in großen Kübeln könnten dem norddeutschen Sommer zwar trotzen und bei Sonnenschein eine Atmosphäre wie am Mittelmeer vortäuschen, wären aber doch kein Ersatz für den Urlaub auf der Ferieninsel im Süden.

Damals entstand vor ihren Augen endlich ein Bild zu dem Autokennzeichen PI, das ihr schon mehr- mals begegnet war. Nachdem sie sich manchmal ge- fragt hatte, woher aus Deutschland die Fahrer dieser

Wagen wohl kämen, hatte sie nun das Gefühl, sie irgendwie alle zu kennen, und freute sich unterwegs über jedes Auto aus dem Kreis Pinneberg.

Das nächste Bild zeigt die Urlauber ein weiteres Mal auf ihrer lauschigen Terrasse. Die deutsche Frau erzählt lachend, dass sie mit ihrer Familie einen herrlichen, geradezu paradiesischen Tag in der Pinneberger Badebucht verbracht habe. Ja doch! In Cala Pi hätten die Kinder stundenlang im seichten Wasser nach kleinen Muscheln gesucht, und sie selbst habe ganz fasziniert das Glitzern der Sonne auf der Wasseroberfläche beobachtet, bis ihr die Augen schmerzten. Der Vater geht indes mit den Kindern zum Schildkrötengehege auf der anderen Seite des Gartens. Als sie zurückkommen, betteln die Kinder so lange, bis sie die Tiere mit Salatblättern füttern und die Kleinen in die Hand nehmen dürfen.

Im vergangenen Jahr hat sie das letzte Schildkrötenpaar verschenkt, weil ihr das viele Bücken inzwischen zu anstrengend geworden ist. Sie will gar keine Tiere mehr pflegen, keinen Hund mehr, keine Katzen mehr und auch keine Schildkröten mehr. Ihr eigener Alltag beansprucht inzwischen viel Zeit und Kraft, und Arztbesuche nehmen immer mehr Raum in ihrem Leben ein. Sie hat sich auch eingestehen müssen, dass der Radius, in dem sie sich bewegen kann, merklich kleiner geworden ist.

Oben auf der Dachterrasse war es langsam kühl geworden. Sie hat ihre Jacke zugeknöpft und dann mit beiden Händen kreisend die schmerzenden Knie gerieben. Dabei hat sie sich, wie zu einer letzten Kontrolle, auf ihren eigenen Herzschlag konzentriert. Wenn sie übermäßige Anstrengung vermied, schlug ihr Herz noch gleichmäßig und ruhig. Sie würde vorsichtig sein und diesen letzten Flug gut überstehen!

Sie hat den Kopf gehoben und in die Sterne über sich geblickt. Träumend ist sie gleich wieder in die Zeit eingetaucht, als die Pinneberger Familie regelmäßig auf die Insel kam und sie Freunde wurden. Damals gab es so viel Abwechslung in ihrem Leben! Einmal unternahmen sie gemeinsam einen waghalsigen Ausflug in die Berge: Plötzlich gerät der Wagen gefährlich ins Schlingern, die Mutter schlägt die Hände vors Gesicht, die Kinder kreischen, als ihre Mandelmilch sich aus der bereits geöffneten Flasche über die ganze Rückbank ergießt. Der Vater schimpft und flucht, aber nach überstandener Gefahr halten sie in der nächsten Ausweichbucht und putzen lachend die Sitze mit Mineralwasser und Erfrischungstüchern.

Fast wie bei einer Diaschau beschreibt das nächste Bild ein übermütiges Fest in ihrem Garten: Laut und fröhlich geht es zu auf der Terrasse und unter dem großen Feigenbaum. Wein und Sangria lösen alle Zungen, und um Mitternacht singen ihr die ausgelassenen Gäste Geburtstagsständchen auf Spanisch, Englisch, Französisch und Deutsch.

Mit der Zeit aber wurde es still in ihrem Haus, und die Einsamkeit breitete sich wie eine ansteckende Krankheit aus. Seit ihre Nachbarin gestorben war und die Demenz ihrer spanischen Freundin immer weiter fortschritt, spielte sie manchmal mit dem Gedanken, in eine Seniorenresidenz umzuziehen. Eines Nachmittags verfolgte sie im deutschen Fernsehen sehr aufmerksam einen Bericht über schöne Einrichtungen für betreutes Wohnen, in dem doch tatsächlich auch Pinneberg erwähnt wurde. Sie hat den Fernseher abgeschaltet, den schwarzen Bildschirm angestarrt und sich ein großes, helles Zimmer vorgestellt, in dem eine freundliche Angestellte liebevoll den Kaffeetisch für zwei Personen deckt, frischen Butterkuchen bringt und eine Kanne guten deutschen Kaffee. Und dann geht die Tür auf, und ihre Freundin kommt strahlend herein.

In diesem Moment stand ihr Entschluss fest. Hat sie nicht ihren Kindern immer wieder gesagt, man könne seine Träume verwirklichen, wenn man nur wolle?

Wie von sich selbst beim Träumen ertappt, hat sie sich mit einem Ruck gerade gemacht und die Augen geöffnet. Die glitzernde Bucht und den nächtlichen Sternenhimmel hat sie gar nicht mehr wahrgenommen, sondern sich langsam aus dem Korbsessel hochgezogen, an der Mauer Halt gesucht, ein paar vorsichtige Schritte getan und sich im Dunkeln die Steintreppe Stufe für Stufe hinabgetastet. Niemand hätte ihr in diesem Augenblick ansehen können, dass sie sich in ihrem Innern wie ein junges Mädchen auf ein großes Abenteuer freute.

Mit diesem Gefühl der Vorfreude schläft sie endlich ein. Die kühle, frische Frühlingsluft beschert ihr eine ruhige, traumlose Nacht. Ihre erste Nacht in Pinneberg.

Verloren

von Patrizia Held

Marga streicht die gestärkte weiße Tischdecke glatt. Marga summt. Sie würde am liebsten eine kleine Rede halten. Schließlich ist sie heute 80 Jahre alt geworden. Sie verteilt die sechs weißen Kuchenteller mit Goldrand und die passenden Tassen auf dem Tisch. Unter die Kuchengabeln schiebt sie Papierservietten. Eine Kerze und das Alpenveilchen in die Mitte. „So, das reicht." Marga plumpst in die Sitzkuhle ihres Sofas. Sie drückt das bestickte Kissen unter ihren Ellbogen, nimmt sich die Lesebrille und schlägt das Fotoalbum auf, das auf der Tischecke liegt. Ihr Zeigefinger fährt über das Bild. „Hier, Tinka, schau, das war Gustavs 75. Geburtstag, sein letzter. Das ist jetzt auch schon fünf Jahre her." Marga blickt neben sich. Doch Tinka ist schon wieder hinuntergesprungen. Marga streicht die Fäden glatt, die Tinka aus dem Stoff gezogen hat, stützt sich mit ihrer Hand auf dem angewärmten Sofaplatz ab.
Jetzt fängt es wieder an, das Rauschen in ihrem Kopf. „Ach, die Pappeln rascheln", sagt Marga und fasst sich kurz an die Schläfen. „Die Blätter im Kopf toben wieder."

Lächelnd schließt sie die Augen. Der Sturm in ihr ermüdet sie. Als ihr Kopf zur Seite kippt, zuckt sie zusammen. Langsam richtet sie sich wieder auf. Aber die Müdigkeit schließt ihr erneut die Augen. Erst durch Tinkas Sprung zurück auf das Sofa wacht sie endgültig auf.

Ein Windstoß fährt durch das gekippte Fenster. Marga rappelt sich auf, um es zu schließen. Sie humpelt zurück und tritt fast auf einen Brief, der von der Anrichte gerutscht ist. Sie blickt flüchtig auf den Absender „Althaus-Wohnungs-GmbH" und legt den Brief ungeöffnet wieder zurück, ganz oben auf den Stapel zu den anderen, Kante auf Kante. Marga schaut auf die Uhr im Wohnzimmer. „Elf Uhr, dann kann ich ja noch Tinkas Lieblingsessen von dem Tierfutter-Geschäft an der Hamburger Straße holen. Schließlich ist ein besonderer Tag. Und da heute sowieso keiner kommt ... ich habe niemandem gesagt, dass ich Geburtstag habe ... aber dann möchte ich wenigstens schön mit Tinka essen."

Im Flur stützt Marga sich mit einer Hand auf dem Garderobentisch ab und reckt sich, um ihr braunes Hütchen mit der anderen Hand von der Ablage herunter zu angeln. Die kleinen Druckknöpfe ihres Regenmantels hat sie schon mühselig geschlossen. Jetzt muss sie sich nur noch in ihre Schuhe zwängen.

Sie zieht die Wohnungstür zu und tritt zur Seite, als die Nachbarin von oben vorbeieilt. Marga murmelt „Guten Tag", doch die junge Frau hastet grußlos an ihr vorbei. Marga steigt weiter die Treppe hinab. Ein Mann, den sie nicht kennt, öffnet im gleichen Moment die schwere Haustür und lässt ihr den Vortritt.

„Hoffentlich hat Tinka noch keinen Hunger", sagt Marga Mertens halblaut, als sich die Geschäftstür hinter ihr schließt. Schließlich war sie schon mehr als eine Stunde unterwegs, und sie hat den Heimweg noch vor sich. Ihre Beine gehen ihr eigenes

Tempo, sie wollen einfach nicht mehr so schnell. Jetzt hat sie es gleich geschafft. Sie blinzelt und umklammert ihre ausgebeulte Handtasche. Aus ihrem Hauseingang kommen zwei Männer. Schon wieder Fremde, was wollen die denn dort? Sie möchte die letzten 50 Meter schneller gehen, doch die Hüfte piesackt sie.

Sie humpelt an einem offenen Umzugswagen vorbei. Möbelpacker tragen zu zweit einen Gegenstand hinaus. Fast wären die beiden beim Überqueren des Bürgersteigs mit ihr zusammengestoßen. Einen Moment lang bleibt die alte Frau stumm, dann kreischt sie los: „Halt, das ist mein Sofa! Lassen Sie mein Sofa hier! Wie kommen Sie in meine Wohnung?" Sie ruckelt ihr braunes Hütchen zurecht und klemmt ihre Tasche unter den Arm. Fassungslos verfolgt sie, wie ihr Sofa in den Möbelwagen verfrachtet wird. Jetzt steht es schon senkrecht auf der Ladefläche. Im nächsten Moment stellen die Möbelpacker eine Stehlampe davor. „Mein Sofa, meine Lampe", jammert sie und schüttelt immer wieder ihren Kopf.

„Gleich sind wir fertig, Gott sei Dank", murmelt einer der Möbelpacker. Ihm rinnt der Schweiß die Schläfen hinab. Ein dritter Mann hievt noch einen Holzstuhl in den Wagen, wischt sich die Hände an einem Taschentuch ab und steckt zwei Schlüssel in die Jackentasche. „Tschüs zusammen. Die Tür oben ist zu. Ihr müsst nicht noch mal hoch. Ich muss weiter, hab' gleich noch 'n anderen Wohnungstermin am anderen Ende von Elmshorn."
Einer der Männer schließt die Doppeltür des Lkw, erklimmt die Stufen der Fahrerseite und lässt sich

auf seinen federnden Sitz fallen. Sein Kollege sitzt bereits auf dem Beifahrersitz, schraubt seine Thermoskanne auf und gießt sich Kaffee in den Plastikbecher.

Der Fahrer wirft einen kurzen Blick in den Rückspiegel und sieht die alte Frau vor der Haustür stehen. Sie rudert mit den Armen, wackelt ein paar Schritte nach vorn und zurück. Ihr braunes Hütchen rutscht zur Seite. Leicht nach vorne gebeugt bleibt sie stehen.

„Ein Glück, dass meine Ma schon vorher in die Kiste gesprungen ist. Die kam irgendwann auch nicht mehr klar mit ihrer Miete und so." Die Worte bröckeln aus seinem Mund. Rasch spült er mit dampfendem Kaffee nach, den ihm sein Arbeitskumpel gereicht hat. Der Mann dreht den Zündschlüssel um und setzt den Lkw in Bewegung. Im Spiegel wird die alte Frau immer kleiner. Er muss sich beeilen, um rechtzeitig auf dem Hof seiner Firma zu stehen, ansonsten schaffen er und sein Kollege die anderen Aufträge heute nicht mehr.

Marga Mertens drückt die nur angelehnte Haustür in ihrem Eingang auf und hastet die Treppe hoch. „Tinka, Tinka", stößt sie schwer atmend hervor. Die Tür zu ihrer Wohnung ist verschlossen. Es rauscht wieder in ihrem Kopf. Das Blätterrascheln wird lauter und lauter. Jetzt pocht es auch noch in ihren Schläfen. Marga stöhnt leise. Erst Minuten später hört sie ein forderndes Miauen neben sich: Tinka schnurrt um ihre Beine. „Gott sei Dank, da bist du ja", flüstert sie und bugsiert ihren Liebling in den

Katzenkorb, den die Männer auf dem Hausflur stehen gelassen haben. Sie stopft ihre Handtasche mit der Dose Futter dazu. Schnaufend trägt sie den Korb die Treppe hinunter, auf jeder Stufe innehaltend. Vor dem Haus setzt Marga den Korb mit ihrer Katze ab. Ihr Blick wandert die Gerberstraße entlang und verliert sich im Grau des Asphalts.

Liebesgeschichte auf einer Baustelle

von Silke Hinsch

Winter 2014/2015 – brrr, mir ist kalt! Nun liege ich hier tief unten in einer Baugrube. Hier entsteht das neue Pinneberger VR-Bank-Gebäude direkt gegenüber dem Rathaus. Neben mir warten noch viele andere Eisenstangen schon ungeduldig darauf, ihren Platz im Fundament zu finden.

Voller Ungeduld schau ich mich um. Wo bist du, meine heißgeliebte Eisenstrebe?

Wir hatten uns versprochen, unser Leben gemeinsam auf diesem Bau zu verbringen. Noch gestern lagen wir auf dem Transporter eng nebeneinander, bis der rabiate Greifer des Krans ausgerechnet dich beim Herüberschwenken auf die Baustelle verlor.

Ich liege jetzt in der ersten Abteilung – an letzter Stelle. Ich friere im Schnee und vermisse deine Nähe.
Ich kann dich in dem zweiten Abschnitt sehen, gleich an vorderster Stelle.
Du bist unverwechselbar mit deinem zarten Rostfilm.
Ich werde meinen Nachbarn links neben mir bitten, etwas näher an mich heranzurücken, dann ist genügend Platz, und du wirst bestimmt zu mir gerollt werden.

Ich warte sehnsüchtig auf den Eisenflechter. Er muss gleich kommen, denn er hat seinen gelben Schutzhelm schon am Geländer aufgehängt. Es kann also nicht mehr lange dauern, bis er uns miteinander verflechtet. Keine Macht der Welt kann uns dann mehr trennen. Wir werden in Beton eingebettet und kuscheln uns ein – auf immer und ewig! Ich glaube ganz fest daran.

Und jetzt! – jetzt! – jetzt! hat er dich aufgehoben und gemerkt, dass gerade du noch in die Lücke neben mir passt.

Oh, wie wohlig es ist, umeinander geschlungen zu werden. DANKE!
Ich weiß, wie unsere Liebe sein wird: auf immer und ewig, belastbar, unverrückbar und vor allen Stürmen geschützt. Das wird der Himmel auf Erden mit dir hier in Pinneberg.

Wenn die Menschen, die hier künftig leben und arbeiten, wüssten, welch großes Glück sie unter ihren Füßen haben! Wir wünschen ihnen, dass sie es spüren können und sie sich vielleicht manchmal staunend fragen, woher diese ganz besondere Atmosphäre in ihrem neuen Zuhause kommt.

Der Remo

von Marcus Jensen

Dieser Film war ab sechzehn, aber das wussten wir nicht, das sah ich erst, als mein Bruder und ich schon im *Prisma*-Kino standen. Sollten wir kampflos umkehren? Sechs Kilometer auf den Fahrrädern wieder zurück, vom Rübekamp nach Waldenau, quer durch die Dunkelheit? Im Oktober 1981 war ich gerade mal vierzehn, wirkte jünger, mein Bruder war noch nicht ganz zwölf, zwei Kinder traten vor die Kassiererin, und gegen meine schüchterne Art bat ich trotzdem um zwei Tickets für *Die Klapperschlange*.

Sicher hielt ich Taschengeld in der Hand. Oder hatte Mama uns etwa einen Zehner gegeben und gesagt, „fahrt ins Kino, Papa und ich müssen zu Oma Moorkamp"? Nein, sie hätte uns nicht weggeschickt, nur weil es Papas Mutter sehr schlecht ging. Mein Bruder und ich hatten wenig mit dieser Oma zu tun, absichtlich. Im Grunde hatte sie nie den Rang einer typischen Oma. Vor typischen Omas hat man keine Angst.

Zu klein für diesen Reißer standen wir da. Wie sind wir bloß an der Kassiererin vorbeigekommen? Die Frau guckte hin. Sie entschied, dass es ihr egal war. Und in diesem Moment passte sie zu dem zynischen Film von John Carpenter, aber nicht zum trauten Pinneberg. Ich glaube, wir freuten uns, mit den zwei löschblattmürben Kärtchen weitergehen zu dürfen, freuten uns weniger auf *Die Klapperschlange*, sondern weil wir eine Schwelle überschritten hatten, die zu unserem ersten Sechzehner. Harte Action brachten die drei TV-Sender höchstens gegen Mitternacht. Wenn Filme in Hamburg ein paar Wochen gelaufen waren, schob man sie ab nach Pinneberg, die Streifen wurden durchgereicht wie abgelegte Klamotten an die kleinen Geschwister im Speckgürtel. Das *Prisma*, das einzige Kino, das wir mit Fahrrädern erreichen konnten, war ursprünglich der Gottesdienstraum einer baptistischen Kirchengemeinde gewesen und stammte vom Ende des letzten Jahrhunderts. Das wussten wir nicht, Kinder nehmen alles hin, für Kinder ist alles heute und ab heute ewig. Die plüschigen Sesselreihen waren hineingebaut worden, und irgendwo in diesem Saal hatten ein Altar gestanden und ein Kreuz gehangen.

Kreuze hängen oft bei Omas. Auch in Oma Moorkamps Häuschen? Wenn, dann an keiner wichtigen Stelle. Ich vermute, dass ihr jeder denkbare Heiland längst abhanden gekommen war. Ihr einzig besonderer Gegenstand war die kleine venezianische Gondel aus dunklem Holz auf dem Fernseher, eine Gondel mit einem Fährmann hinten drin, ohne Passagiere, aber auch ohne sein langes Ruder. Der *Remo* war nicht abgebrochen, sondern verloren gegangen, irgendwann aus den Fäusten geglitten wie ein Strohhalm, und so reckte dieser Gondoliere seine geballten Hände rätselhaft angewinkelt an der Seite von sich: stramm entschlossen.

Jetzt würde etwas Neues kommen. Während wir dasaßen und John Carpenter uns seine finstere, dreckige, gewaltstrotzende Endzeit-Welt vorstellte, hatten meine Eltern zwei Kilometer entfernt Pflegedienst im Moorkamp.

Der Zweite Weltkrieg hatte Oma Moorkamp zerstört, aber das wussten wir ebenso wenig wie das mit der Sechzehn oder das mit dem Gemeindesaal. Ich Frühteenie manövrierte wegen der gewaltigen Scheuklappen nur auf Sicht. Dieses Hamburg von gestern und dieser Zweite Weltkrieg, das war so, als hätten alle Beteiligten selbst bloß die Schnipsel gesehen, die wir Kinder aus den drei TV-Sendern kannten. An ihnen waren Kugeln vorbeigepfiffen, das musste immerhin spannend gewesen sein, und alles hatte sich vor allem in einzelnen Momenten ereignet – die ließen sich bestimmt wegstecken. Papa war ja nichts passiert, trotz Ausbombung und Feuersturm 1943, er hatte alles heil überlebt, und dass sein Vater im fernen Jugoslawien gefallen war, hatte für mich den Gehalt eines Zweizeilers unter ‚Vermischtes‘. Doch natürlich wirkte dieser Krieg stumm in alles hinein, war eine unsichtbare, dafür fette Grundierung auch meiner Welt. Ich kannte keinen Erwachsenen, den diese Maschinerie nicht geformt hatte, und an den Kaffeetafeln war die Rede von den grausigen Vierzigerjahren, nach denen die Torten heute noch so gut schmeckten. Mit vierzehn hielt ich den Zweiten Weltkrieg für die Sache der buckligen Verwandtschaft, ich selbst schaute wie besessen auf den Dritten, fürchtete statt fallender Bomben startende Raketen. Und *Die Klapperschlange* führte mir diese Vision genüsslich vor: war ab sechzehn, spielte sechzehn Jahre in der Zukunft, wusste Bescheid. Der Film, heute Kult, damals nur ein Thriller auf der Höhe der Zeit, sagte: Genauso wird's kommen, Junge, kannst nix dagegen machen.

Oma Moorkamp hatte uns nie etwas Böses getan, aber ihre Verbitterung war ein Schwarzes Loch. Ihr winziger Kriechkeller neben der schmalen Treppe zum Dachgeschoss war so klein, dass ich mich knapp reinfalten konnte. Ein Hockergrab. Staubige Einweckgläser standen darin, voller eingemachter Quitten aus dem Garten, stumpfe Früchte, orangegelbliche Klumpen, es hätten auch Organe in Formalin sein können.

Manhattan ist 1997 ein riesiger Knast für Lebenslängliche, sich selbst überlassen. Das Militär wirft die Delinquenten hinein. Gerade als der einäugige Bankräuber und ehemalige Elite-Soldat Snake Plissken überstellt werden soll, stürzt das Flugzeug des US-Präsidenten auf die Gefängnisinsel, dessen Sicherheitskapsel fällt unter die Desperados wie ein rotes Überraschungsei, und nur der Präsident kann den drohenden Atomkrieg verhindern. Einer muss rein und ihn retten.

Oma Moorkamps Häuschen stammte aus einer Ära, als Pinneberg noch ein netter Kurort westlich von Hamburg war. Papas Vater hatte diese gemauerte Datscha während des Krieges aus der Ferne der Etappe mit guten Kontakten und Bezugsscheinen und Aluminiumleitungen errichten lassen als Wochenend-Refugium für bessere Zeiten. Oma Moorkamp bewohnte es, nachdem sie – ausgebombt und mittellos – mit ihren zwei Kindern über ein Dithmarschener Dorf und ein dänisches Auffanglager vagabundieren musste. Sie hatte nichts gelernt, alles verloren und zerbrach an den unmöglichen Aufgaben. Die Ruine der Großhandlung für Haushaltswaren in Hamburg-Altona, die unbegehbare

Wohnung nebenan, die Auflösung des Geschäfts des gefallenen Mannes, die Mahnungen seiner Lieferanten, die Konten. An ihr allein hing es, nebenher den kleinen gesunden Sohn zu versorgen und die Tochter, die seit einem Geburtsfehler behindert war und während des Krieges keine Förderung erhalten konnte. Schock, Trauer, Chaos, Abwicklungen. Nie wieder kam sie aus der Unglücksgrube heraus. Knurrte. Schimpfte. Brütete. Sie war der altfränkische Gram. Konnte Mama als Sohnesräuberin nicht leiden. Ließ sich trotz ihres Elends nicht helfen. Ein Kieferkrebs quälte sie in ihren letzten Jahren, das Klappern ihrer Gaumenprothese und ihre raue Klagestimme habe ich heute noch im Ohr. Gegen die Schmerzen aller Art trank sie Rum, immer mehr. Meine behinderte Tante musste die Flaschen für sie einkaufen, mitunter sogar klauen. Sie lebten in dem Pinneberger Hexenhäuschen nahezu verborgen, umzingelt von feindlicher Welt. Ausgerechnet Mama half dabei, sie zu pflegen.

Dass die Air Force One, von Terroristen entführt, in einen Manhattaner Wolkenkratzer fliegt, erzeugte 1981 keinen prägenden Eindruck. Auch die Grunddramaturgie nahm ich hin. Natürlich findet Plissken den Präsidenten, natürlich schnappen ihn die Desperados, natürlich kommt er durch einen Kampf wieder frei und erfüllt natürlich in letzter Sekunde seinen Auftrag. All das hätte ich als Vierzehnjähriger locker abgehakt. Aber nach einer Viertelstunde packte mich das Neue: mit dem Auftritt des Boten der Gangster. Dieser noch heute gruselige Zombie-Punker – er heißt nicht umsonst Romero – führt eckige, expressive Kinski-Posen vor, er faucht Dialogzeilen aus einer Anti-Welt heraus, wie halb tot.

Etwas noch nicht Gesehenes wurde mir lustvoll leicht, durchgehend selbstverständlich reingedrückt. Die Welt, in der Plissken landet, ist eine riesige Crackhöhle. Ab da glaubte ich dem Film alles.

Oma Moorkamp trug seit Wochen Windeln. Einmal, es muss einer der letzten Besuche gewesen sein, als nur Papa und ich dort waren und ihrer Verfluchung der Welt zuhörten, gab er mir nachher im Auto die Hand. „Danke, dass du mit dabei warst." Und ich Kind fand das sogar angemessen. Ich durfte vorne sitzen.

Snake Plissken, der Un-Held, landet mit einem Segelflugzeug auf dem Dach des World Trade Centers. Ich glaubte selbst das, mir erschien sein gesamtes Tun und Auftreten wie das des Zombie-Punkers zukunftsweisend. Die Rockstarmähne, die Augenklappe, die athletische Figur, das schwarze Muscle Shirt, die Winter-Camouflage-Hose und das Schlangen-Tattoo. Er spricht nicht gern und ist es gewohnt zu verlieren, im Grunde läuft er als depressive Dumpfbacke durch das Stadtwrack. Es gab 1981 nichts Cooleres.

Im Häuschen am Moorkamp bullerte die Kohleofenheizung aus dem Krieg: oben Wüste, unten Arktis. Überall lagen selbstproduzierte Wolldinge, denn meine behinderte Tante beschäftigte sich den halben Tag mit Stricken, mangels bezahlbarer Alternativen. Unglaublich, dass Papa hier bis nach dem Abitur gelebt hatte. Seine Mutter kannte kaum noch andere Welt-Zugänge als ihn und konnte nicht mehr ausbrechen. Sie glaubte dem Fernsehen nichts und alles, denn das Leben war schlecht, ihr grunzendes Abwinken war ihre häufigste Geste, und es gab ja eh nichts Neues, nur bunte Bilder, die unter der kleinen schwarzbraunen ruderlosen Gondel flimmerten, Bilder, mit denen sie ihre Tochter zerstreuen musste. Sie hatte Schlimmeres gesehen.

Das Endzeit-Image des finsteren Manhattan trug ich sogar noch ein Vierteljahrhundert später in mir, als ich die Stadt erstmals sah – und so sauber fand. Neu war die Art und Weise, wie der Anti-Held durch diese Schrottkulisse aus brennenden Tonnen, Junkies und Rappergestalten tigerte, seine sportliche Gleichgültigkeit. Plissken hängt sich die Maschinenpistole mit dem Schalldämpfer über die Schulter und schlenkert dieses tödliche Herrenhandtäschchen seelenruhig herum, alles sagt: mir doch egal. Er darf sich über rein gar nichts wundern. Die feixende Jägerhorde, die aus den Gullydeckeln hochspringt, urmenschlich vertiert: normal. Die klingelnden Kronleuchter am Bug der Limousine des Rapperkönigs: normal. Das comicartige Knautschgesicht von Ernest Borgnine: die Bestätigung der Regel, ein weiterer Aspekt des normalen Wahnsinns. Plissken erkämpft sich seinen Weg wie ein Avatar. *Die Klapperschlange* ist das erste Ego-Shooter-Game der Kinogeschichte.

Oma Moorkamp war ein dunkles Mahnmal und bleibt es bis heute. Ich wagte nie, in ihre Welt abzuspringen, es gab nie ein Gespräch unter vier Augen. Ich hatte weder Mission noch Traute. Lasse die Finger vom Rum. Erinnere mich an keinen ihrer Sätze. War ein mieser Enkel. Letztlich bestrafte auch ich sie.

Zu viel für mich war der Kampf des verletzten Plissken mit dem stoischen Wrestler im Boxring, umgeben von der johlenden Gangstermeute. Erst lässt er sich fast zu Tode verprügeln, dann erhalten beide als letzte Waffe je einen Baseballschläger, durch dessen Ende irgendwer hasshastig lange Nägel getrieben hat – unregelmäßig und schief ragen die Spitzen aus dem Holz. Ausgerechnet das Ungelenke der Waffe schockierte mich. Zombie-Punker und Stachelkeule umklammerten das Phänomen. Wer außer dem willkürlich Bösen würde so einen hölzernen Knüppel mit solchem Joker-Spaß herstellen? Plisskens Hieb in den Hinterkopf des Wrestlers war die brutalste Szene, die ich bis dahin gesehen hatte. Sechzehn. Der Wrestler fällt, die Keule klebt im Schädel, die Meute verstummt. Wenn der Film heute in einem der dreihundert TV-Sender läuft, fürchte ich mich immer noch vor diesem Abschnitt.

Genau zu dem Zeitpunkt starb Oma Moorkamp, zwei Kilometer von unseren plüschigen Sitzen entfernt.

Der Zyniker Plissken erledigt seinen Job in letzter Sekunde, aber zerstört ohne Not das, was er erreicht hat, voller Verachtung für das Schweinesystem. Er zerfleddert die Kassette, wegen der der Präsident gerettet werden musste, und nun droht ein Atomkrieg, die echte Endzeit nach der gefühlten. Ich glaubte diesen Drehbuch-Mist. Meine Angst vor der weltlichen Apokalypse passte nahtlos zum Knast-Manhattan, alles steuerte unausweichlich auf diese Rutsche zu: erst Zerfall, dann Krieg. Durchgerüttelt radelten mein Bruder und ich die sechs Kilometer zurück. Stumm, möchte ich glauben. Die Stachelkeule. Wir nahmen die Abkürzung durch den laternenlosen Voßbarg-Fortsatz, durch ein Stück unbeleuchtete Finsternis. Unsere kleinen Lichtkegel schwankten im Gewimmere der Dynamos. Hier auf diesem dunklen Feldweg am Stadtrand zwischen Pinneberg und Waldenau trieben angeblich böse Onkels ihr Unwesen. Fingen Kinder ab. Konnte es böse Onkels schrecken, dass man zu zweit fuhr? Und was taten böse Onkels mit einem? Der Ausflug in die Sechzehn war zu Ende. Mama und Papa erwarteten uns nicht, sondern wirkten halb abwesend, waren unmittelbar vor uns nach Hause zurückgekehrt und standen noch erschöpft am Küchentresen, wie dampfend, aber auf eine unbekannte Art auch erleichtert. Lauter erste Male. Oma Moorkamp war tot. Papa sagte: „Tja, und da hat sie dann ihren letzten Schnaufer getan." Als Kind fand ich diesen Ausspruch unangemessen. Plisskens Stachelkeule. Immer noch erscheint mir der Oktober 1981 im Split Screen, und ich fühlte mich nie schuldig, weil ich nicht mal sagen könnte, ich hätte in der Parallelwelt des *Prisma* Spaß gehabt. Oma Moorkamps venezianische Gondel hat die Auflösung ihres Haushalts nicht überdauert. Die hätte ich heute gerne, mit den leeren Fäusten des Fährmanns.

Op Drievjagd in de Masch

von Johanna Kastendieck

Wilhelm Tell weer Jäger un he is en Nationalheld worrn.
Hannes is ok Jäger, aver en Nationalheld warrt nie nich ut em.

Un Otto von Bismarck hett mal seggt: To keen Tiet warrt soveel logen, as vör de Wahl un na de Jagd.
Of Hannes na de Jagd legen deit, weten wi nich.
Aver dat he sien Fro nich de ganze Wohrheit seggt, dat is wiss.

Hannes hett en Inladen kregen. Vör veerteihn Dagen keem se mit de Post, de Inladen to en grote Drievjagd in de Masch. Hannes hett sik bannig freit un ok glieks toseggt. Sowat kann he sik doch nich dör de Nääs gahn laten.
Denn is he bigahn un hett sien Schrotflint op Hochglanz bröcht. Harr he al lang nich mehr bruukt hat.
Sogor sien Jagdkledagen hett he anprobeert. Hett allens noch passt.
Ja, un nu kann he den groten Dag meist nich mehr aftöven. Siet veerteihn Dagen is schönstes Harvstwedder un de Bläder an de Bööm lüchten in dusend verscheden Rot- und Bruunfarven.
Ja, so hett Hannes sik dat an den Jagddag vörstellt.

Man morgens, as he ut't Slaapkamerfinster kiekt, is de Heven gries un grau un dat hett nachts woll regent.

Wat dat för de Jagd bedüüt, weet Hannes to goot: Klei an de Stevels. Grote Placken swore Klei, de jümmer grötter warrn un jümmer sworer. Dor sleppst licht fief Pund an jedeen Stevel mit di rüm. Un dann dormit över Tüün ut Draht kladdern un över Sloten springen, dat is en Kunststück.

Hannes trudelt üm kort vör Klock ölven op den Buernhoff in, wo sik de Jägers all drapen wöllt. Sövenuntwintig Jäger, negen Driever, fief Hunnen. De Hunnen maakt Larm för teihn, se weten genau, dat dat glieks losgeiht un se köönt de Tiet meist nich aftöven. De Drievjagd schall op Haas, Fasan, Anten, Duven, Voss un Marderhund gahn. Den Marderhund kennt Hannes nich, den hett dat fröher hier nich geven. Denn deelt de Jagdherr de Jägers in, un Hannes kümmt to sienen groten Verdreet blang den flinksten Jäger, de jümmer as Erster op allens ballert, to stahn. Hölpt nix, dor mutt he mit üm.
Hannes hett mal vun en anner Jäger höört, dat man blang dissen Jäger de Fööt hochbören mutt, dat em dor nich de Schrotkugels rinslag'n.

De Driever staht ok al praat, jeder mit'n groten Stock in de Hand, mit den se denn dör't Gras un op de Büsch slaan, üm dat Wild optoschrecken.

Nu stiegen de Jägers, Driever un Hunnen op en poor Treckers mit Anhänger un denn geiht't los in de Masch.
In en lange Reeg lopen se denn över't Feld un drieven dat Wild vör sik her. Af un an ballert dat ok al. De Hunnen sünd rein as mall. Se wöllt achter de Hasen an.

De Feller sünd natt vun Regen un överall steiht Water. Na en korte Tiet markt Hannes al, dat sien Fööt jümmer sworer worrn. Ünner elkeen Stevel sitt en grote Placken fette Klei. Miteens flüggt vör Hannes en Fasan op. He ritt sien Flint hoch un bevör he afdrücken kann, höört he al den Knall vun sien Nevenmann un de Fasan trudelt vun'n Heven. „Asta, such voran", geiht de Befehl an en Hund un de jaagd glieks los. Leider steiht em Hannes in'n Weg un de warrt ümreten un land't in de Schiet. He rappelt sik wedder op un ünnersöcht sien Gewehr. Gott wees Dank – allens in de Reeg! Aver Hannes süht ut as en Swien, dat sik in de Eer suult hett. Maakt nix, denkt he, de Kledage kann Alma morgen waschen.

De Driever kloppen mit ehr Stocken un maken Larm dorbi. Af un an flüggt mal en Fasan oder en Aant op un glieks is ok al en Schööt to hören. Hasen lopen krüüz un quer över't Feld, man Hannes kriegt nix tostann'. Jümmer sünd anner Jäger fixer as he. Un he dröff ja ok blots na vörn scheten.
Miteens steiht vör em en Haas op, Hannes ritt sien Gewehr hoch un teelt. Man de Haas is woll en ganz Plietschen, denn he löppt nipp un nau op Hannes to. De teelt jümmer noch un schütt. En Pien as en Blitz sleit em in sienen linken Foot un Hannes hett Möög, nich luut optoschrien. Ja, he hett drapen, mit een Schööt den Haas un sien Foot. Dor sünd woll en poor Schrotkugels vun en Steen afprallt un Hannes dörch sien Stevel in den Foot slaan. De Haas is meist nich mehr to erkennen, so hett Hannes em tweischoten. Aver egal, he hett Waidmannsheil. Disse Beute kann em keeneen nehmen. Nich mal de Hund will em hebben.

Heel vörsichtig kiekt Hannes na sien Foot. Twee lütte Löcker sünd in sien Stevel un de Foot deit em bannig weh. Aver he seggt nix, humpelt en beten un hoopt, dat dat keen vun de anner Jägers mitkregen hett.

En grote Strecke warrt dat nich an dissen Jagddag. Teihn Hasen, fief Fasane, dree Anten un een Voss. Mööt un schietig stiegen de Jägers, Driever un Hunnen na en Dreestünnstiet op de Anhänger un laten sik torüch fohren.
Hannes freit sik, dat he tominnst een Stück schoten hett. In sien Foot puckert dat as dull un he hett bannig Pien. Dorvun dörf Alma aver nix marken. Wenn se sien Humpeln mitkriegen schull, denn wörr he ehr seggen, dat he mit sien Foot ümknickt is.

Twee Stünnen later sitt de hele Jägersellschop in'n Dörpskroog bi't Schötteldrieven. Alma hett Hannes henföhrt un warrt em ok wedder afhalen; hett se seggt. Wegen sien Humpelfoot hett se em sogor en beten beduert. Un dat Schöönst för Hannes is, dat he Beer un Kööm drinken kann, denn he mutt ja nich fohren. Un wat is Gröönkohl mit Swiensback un Wurst ahn Kööm un Beer?
Na't Eten gifft dat dat Jagdgericht. Dat sünd Jägers, de nipp un nau allens beobachten, wat op de Jagd passeert. Se kieken dorop, dat allens na de Vorschriften vun en Drievjagd aflöppt. Dat Mallöör mit Hannes sien Haas hebbt se doch sehn un so mutt Hannes to Straaf en Runn Kööm utgeven. Gottloov hebbt se vun sienen Foot nix mitkregen, anners

wörrn se em to de nächste Drievjagd woll nich wedder inladen.

Un wokeen is Jagdkönig worrn? Natürlich sien Nahver. Denn de hett to sien Fasan noch twee Hasen un bavento den Voss schoten.

Aver dat is Hannes nu egaal. Na so'n leckeret Gröönkohleten mit Kööm un Beer un sien Hasenbeute is he blots noch glücklich, ok wenn he woll doch noch to'n Doktor mutt, dat de em de Schrotkugels ut den Foot halt.

Un na noch en poor Kööm vertellt Hannes denn noch en Jägerwitz:

En ole Förster, de al en beten kortsichtig is, geiht op Jagd. Na een Stünn is he al wedder to Huus. Do fraagt sien Fro: Bruukst du niege Munition?

Nee, antert de Förster, en niegen Hund!

Die Entführung

von Paul Keweritsch

Wir rannten um unser Leben, also Lukas, Jonas, und ich, Hendrik, denn wir wurden von einer Gruppe Jugendlicher gejagt. Als wir fast an der Svantesson, unserem kleinen Holz-Segelboot, angekommen waren, konnten wir nicht mehr.

Da rief Lukas: „Hilfe! Helft mir!"

Wir drehten uns um und sahen, wie er von einem der Jugendlichen festgehalten wurde. Es war der Anführer der Bande. Er hieß Dominik. Er drohte: „Wenn ihr euren Freund wiedersehen wollt, dann gebt uns euer Hauptquartier am Beach Club!"

„Nein, gebt es ihnen nicht!", rief Lukas.

Wir überlegten. „Nein!", rief ich kurz darauf. „Wir geben es euch nicht!"

„Dann seht ihr ihn nie wieder!", schrie Dominik, ging mit seiner Bande und zerrte Lukas hinter sich her.

Wir überlegten, wie wir Lukas retten könnten. Jonas meinte: „Wir müssen erstmal herausfinden, wo sie ihn gefangen halten."

„Stimmt", erwiderte ich, „aber wie erklären wir Lukas' Eltern, dass er entführt wurde?"

„Oh, Mist, so spät schon", rief Jonas, „lass uns später weiter darüber reden. Ich muss dringend nach Hause, sonst kriege ich Ärger."

„Also dann bis später."

Abends um 21.00 Uhr rief Lukas' Mutter bei uns an und fragte, wo Lukas sei.

„Ähm", stotterte ich, „der übernachtet dieses Wochenende mit Jonas und ein paar anderen Jungs auf der Svantesson. Die wollten nochmal für den Wettbewerb üben, wie man die Angeln am besten beködert."

„Hm, na gut", sagte Lukas' Mutter. „Da hätte er mir ja mal Bescheid sagen können."

„Ja, sicher", stammelte ich. „Hat er wohl vergessen."

„Na gut. Danke, Hendrik."

Puh, dachte ich. Das war nochmal gut gegangen. Aber ich konnte die ganze Nacht nicht schlafen. Ständig musste ich an Lukas denken.
Am nächsten Morgen traf ich mich gleich nach dem Frühstück mit Jonas am Mühlenteich an der Eisdiele, um zu besprechen, was wir jetzt machen sollten. Dort sahen wir Dominik und seine Bande. Wir versteckten uns und beobachteten sie. Wir hörten, wie Dominik sagte: „Ich bringe unserem Gefangenen jetzt wohl mal besser etwas zu trinken. Wer hat den Schlüssel zum GHS-Kellerraum?"

Na bitte! Jetzt wussten wir also, wo Lukas steckte. Aber wie wir ihn befreien sollten, wussten wir nicht. Also zeichneten wir zunächst einen Plan von der Gebrüder-Humboldt-Schule. Wir beschlossen, durch das Hauptgebäude und dann durch den Nebeneingang im Nawi-Trakt in Raum 222 zu schleichen. Aber zuerst mussten wir aufpassen, dass Dominik uns nicht sah. Wir versteckten uns hinter der kleinen Mauer vom Wehr. Glück gehabt. Dominik marschierte an uns vorbei, ohne den Kopf zu wenden.

„Los jetzt, Hendrik, schnell ins Hauptquartier!",
flüsterte Jonas.

Zehn Minuten später waren wir am Beach Club angekommen.

„Okay", murmelte ich, „was brauchen wir? Ta-
schenlampe, Dietrich, Messer, Seil ..."

Wir beschlossen, uns um Mitternacht am Roland zu
treffen und von dort aus unsere Rettungsaktion zu
starten.

Ich kam acht Minuten zu spät, weil ich den Dietrich
vergessen hatte, und Jonas wartete bereits ungeduldig. Wir gruselten uns. Mitternacht in Wedel. Es war
stockdunkel. Niemand war mehr unterwegs. Als wir
an der Schule ankamen, bellte ein Hund, und wir
zuckten zusammen. Wir hatten beide Angst vor dem
Hund des Hausmeisters, einem bösartigen Boxer.
0:30 Uhr. Leise stellten wir unsere Fahrräder ab.

„Hast du dein Schloss mit?", flüsterte ich.

„Nö."

„Auch schon egal."

Um 0.37 Uhr begann die Operation *Befreiung von
Lukas*. Wir knackten das Schloss des Eingangstors
mit meinem Dietrich und stiegen die Treppe in den
Nawi-Trakt hinauf. Wir mussten in den Raum 222.
Dort gab es nämlich noch einen Eingang in den Kel-
ler durch eine Falltür.

„Ich bring das Seil an, und du kletterst runter", sagte
ich leise.

Jonas nickte. Unten im Keller war es stockdunkel,
und es roch muffig nach Öl. Lukas' Gefängnis war
nicht zu verfehlen, denn an der Tür stand *Eintritt
strengstens verboten*. Glücklicherweise knackte der
Dietrich auch diese Tür mit links.

„Lukas, bist du hier?", rief Jonas.

„Ja, aber passt auf, hier ist ..."

Mehr verstanden wir nicht, denn Lukas wurde der Mund zugehalten.

„Hey", rief Jonas. Er wirkte entschlossen. „Wer auch immer da ist! Lasst Lukas frei! Sonst mache ich euch platt!" Mir flüsterte er zu: „Die sind kein Problem für mich. Jetzt siehst du mal, wofür so ein grüner Judogürtel gut ist."

Jonas holt tief Luft und trat die Tür mit dem Fuß auf. Nach dem Knall, den die Tür ausstieß, als sie gegen die Wand donnerte, hörte ich nur noch Schmerzensschreie.

„Lukas? Alles klar? Lukas?! Geht's dir gut?"

Stille. Ein leises Wimmern. Dann endlich antwortete Lukas.

„Jajaja. Wurde Zeit, dass ihr kommt. Ich habe tierischen Hunger."

Wir fuhren zusammen zur Svantesson, und Lukas verputzte die Reste einer kalten Pizza. Dann löcherten wir ihn mit Fragen. Aber Lukas fielen vor Müdigkeit die Augen zu. Bevor er endgültig einschlief, murmelte er: „Kein Wort zu niemandem, verstanden? Das ist mein Abenteuer."

„Und meins", sagte Jonas.

„Und meins", sagte ich.

Der Funke

von Daphne Knickrehm

Miriam und ich hatten uns entschlossen, wild zu campen – mitten in der Zivilisation. Teenager auf dem Land – der Wunsch nach Rebellion und neuen Erfahrungen, der Wunsch auszubrechen, ohne bisher die Verlockungen der Welt auch nur erahnen zu können. Wir waren brav, nun zumindest verhältnismäßig, aber wir mussten oder wollten eben auch unserem Alter, unserer Rolle und unserem Wissensdurst gerecht werden. Eine neue Geschichte, die irgendwann zu erzählen wäre. Ein entschlackter Survivalurlaub – nur hatten wir nicht die Zeit für eine ausgedehnte Reise. Montag bis Freitag war Schule, es blieb nur das Wochenende, und unsere Fahrräder würden uns in der Zeit nicht weit tragen. Unsere Wahl fiel auf den Fahlt, den Pinneberger Stadtforst, situiert in einem Trapez zwischen dem Hotel Cap Polonio, dem Pinneberger Schwimmbad, dem Bahnhof der Stadt und seinem Gymnasium, der Johannes-Brahms-Schule, die auch wir besuchten. Dort, mitten in der Stadt, ist selbst der Wald ein hochdomestizierter Ort, in dem deutlich markierte Wege, gesäumt von austretbaren Laternen zum Sportplatz, zum Waldspielplatz und zum Rosengarten führen. Man könnte unser Vorhaben also als ein koordiniertes, ironisches Aufbegehren altkluger, gelangweilter Provinzjugendlicher ansehen. Leser, du glaubst doch nicht, dass wir nicht wussten, dass unser Ansinnen letztlich nur der Publikumswirksamkeit diente.

Es war nicht Winter noch Sommer, es könnte Frühling oder Herbst gewesen sein – moderate Temperatur, interessante Natur. Wir fuhren zunächst zu einem Freund, der uns ergänzende Ausrüstung für die Übernachtung leihen sollte. Bei unserem Besuch trafen wir auch auf seine Mutter, die uns, prinzipiell sowohl irritiert als auch angetan von der Campingidee, dennoch warnte: Im Wald gehe angeblich jemand um. Diese düstere Ankündigung kümmerte mich wenig, verunsicherte meine Freundin aber enorm, wir hatten nämlich Unterschiedliches verstanden: Miriam meinte, die Bezeichnung Fahltmörder vernommen, ich hingegen war mir sicher, Fahlträuber gehört zu haben. Phonetisch ähnlich konnte der Unterschied in der Begrifflichkeit jedoch zu dramatisch verschiedenen Ausgängen führen. Immerhin hatten wir nun für unsere Unternehmung, quasi inkognito unter aller Augen zu übernachten, zusätzlichen Gesprächsstoff. Die Sache war nicht abgeblasen, wenn es nach mir ging, jetzt erst recht nicht!

Wir fuhren zunächst im Wald herum und suchten nach einem geeigneten, lauschig-diskreten Plätzchen mit ebenem Boden – auch in jungen Jahren meidet man gerne die Gefahr von Rückenschmerzen. Schwierig! Nicht nur, dass die Parzellen von Wald zwischen den Wegen überwiegend zu klein oder zu licht waren, als dass wir unbehelligt dort hätten residieren können; meinten wir eine gute Stelle gefunden zu haben, mussten wir erkennen, dass auf dem unebenen Boden überall auch noch Äste und Baumstämme herumlagen. Als wir schließlich siegesgewiss unseren Weg durch das Unterholz brachen, war es bereits am

Dämmern. 1a Lichtverhältnisse für einen Zeltaufbau.

Eingemummelt in unsere Schlafsäcke, ausgestattet mit hochwertigem Proviant bestehend aus Naschkram, kehrten nun unsere Gedanken zurück zu diesem ominösen Fahltheini. Naturgemäß diskutierten wir bis in die Nacht hinein.

Der Wald im lauen Mondschein ist so belebt wie bei Tage. Die von der Menschheit Ausgestoßenen und Unterdrückten, sozusagen das tierische zwielichtige Gesindel, hat jetzt seine aktive Phase. Alles raschelt, knistert, knackt, Fauna und Flora gleichermaßen. Nichts da von wegen „Nachts schlafen die Ratten doch". In angespannter Embryonalhaltung schreckten Miriam und ich bei leisesten Geräuschen auf und bekamen uns fast in die Haare über meine Sorglosigkeit (wir hatten ja nichts von Wert dabei außer vielleicht der Schoki) und Miriams Überlebenswillen (denn unser Leben war ihr lieb und teuer).

Der aufmerksame Leser hat sich wahrscheinlich gedacht, dass uns nichts passiert ist in dieser Nacht im Fahlt. Für den unaufmerksamen Rezipienten: Es ist nichts passiert! Fast schon enttäuschend.

Unser Ausbruch war nach der einen Nacht auch schon beendet. Schlappe Nummer eigentlich, wir hätten schon bis Sonntag bleiben können, aber so aufregend und neu, wie wir es uns erträumt hatten, war's dann nicht. Nachdem wir unsere Sachen wieder zusammengesucht und unsere Fahrräder bepackt hatten, traten wir unseren 20-minütigen Heimweg an. Zunächst den Oberen Emschen hinab in Richtung der Autobahnbrücke für Fußgänger.

Doch – irgendetwas war anders. Wir waren guter Dinge, vielleicht etwas übermüdet, aber auch nicht unzufrieden mit unserer Aktion. Vielleicht umwehte uns nicht nur der tatsächliche, sondern auch ein metaphorischer frischer Wind. Wir hatten gerade das Krankenhaus rechts hinter uns gelassen, waren noch keine fünf Minuten gefahren, als die Welt mich übermannte. Nur ein Augenzwinkern brauchte es, dass ich mich plötzlich nicht mehr auskannte, dass alles neu war. Wie jemand, der gerade erst aufwacht in einer fremden Stadt, blickte ich mich um und suchte nach Anhaltspunkten. Leser, versteh mich nicht falsch, ich befand mich auf einem Weg, den ich tagtäglich zur Schule fuhr! Und dennoch, mit gänzlichem Unverständnis schaute ich auf Hecken, Pforten, Gehwege, Vorgärten, Häuser und erkannte nichts wieder. Ich musste mich in einer Parallelwelt befinden, die mir die längst erstickte Phantasie eröffnete, zu imaginieren, wer dort wohl wohne und wohin es wohl gehe, wenn ich geradeaus weiterführe, und wie fremd und unbekannt dies alles doch war. Eine süße Panik durchwogte mich, die mich von innen anschrie, dass ich verloren sein müsse und niemals heimfinden würde. Miriam war vergessen. Ganz allein in der Welt und ohne Anhaltspunkt zur Position, aber keine Angst, nur bezauberte Neugierde. Gegenläufig proportional zur Intensität der Erfahrung war die Kürze ihrer Dauer. Schon nach einer halben Minute befand ich mich wieder auf altbekannten Pfaden. Und doch, der Funke hatte Licht gesät. Umwerfend die Erkenntnis, dass Erfahrung zu Einsicht und abstrakter Idee werden kann. Faszinierend, dass es ein Sprichwort gibt, dass dies beides so ganz selbstverständlich aussagt: die Dinge in einem neuen Licht sehen.

Bei Kloppi

von Sönke Knickrehm

Oktober 2014, Drogeriemarkt Rossmann, Rellingen.
Obwohl die Drogeriemarkt-Kette Kloppenburg schon vor Jahren von Rossmann übernommen worden ist, wird sie von mir und – wie ich weiß – von vielen anderen aus Gewohnheit immer noch Kloppi genannt.

Ich stehe bei Kloppi in der Kassenschlange, und vor mir tummeln sich die üblichen Verdächtigen – ganz vorn eine junge Mutter mit Baby im Kinderwagen, hinter ihr zwei etwa elf-, zwölfjährige Mädchen, dann noch einmal Mutter und Tochter, allerdings aus einem total anderen Alterssegment, und schließlich ich.
Die junge Mutter ist krampfhaft bemüht, der Kassiererin die nötige Aufmerksamkeit zu widmen, wird aber immer wieder von ihrem quengeligen Kind abgelenkt und in Anspruch genommen. Darunter leidet die üblicherweise recht geschmeidige Abwicklung des Kassiervorgangs – die beiden Mädchen, die jeweils nur ein Teil kaufen wollen – die eine einen Schokoriegel, die andere ein Päckchen Kaugummi –, werden sichtlich unruhig.
Auch die beiden Frauen hinter den Mädchen, erkennbar Mutter und Tochter, die Jüngere etwa Mitte fünfzig mit Prinz-Eisenherz-Schnitt, die andere gut achtzig Jahre alt, das schüttere Haar zu einer Igelfrisur hochgebürstet und -gesprayt, erweisen

sich nicht als Musterbeispiele für Geduld. Im Gegenteil – vor lauter Langeweile, vielleicht aber auch aus Gewohnheit und weil sie es ihr Leben lang geübt haben, fangen sie an, sich gegenseitig anzunerven.

Während die Kinderwagen-Mutter endlich das Portmonee gezückt hat und nun versucht, sich aufs Bezahlen zu konzentrieren, hampeln die beiden Mädchen immer ungeduldiger von einem Fuß auf den anderen und können es kaum noch aushalten, endlich in den Besitz der Süßigkeiten zu kommen.

Rechts rückt das Laufband ein paar Zentimeter der Kasse entgegen, links neben dem Band steht die mittelalterliche Tochter mit versteinertem Gesicht, ihre Ungeduld ist fast mit Händen greifbar. Sie beginnt, die Einkäufe aus dem Wagen zu nehmen und aufs Band zu legen. Etwas versetzt links hinter ihr schiebt ihre Mutter langsam den Einkaufswagen vor, um neben ihrer Tochter in Gesprächsposition zu kommen, passt nicht auf und fährt der Tochter gegen die Hacken. Die Tochter zuckt zusammen, fühlt sich bedrängt, packt den Wagen an der Seite und schiebt ihn zurück. „Musst du so mit dem Wagen rumdrängeln!?", fragt sie mit scharfer, aber lautstärkereduzierter Stimme, ohne den Kopf zu wenden, und stapelt weiter Waren aufs Laufband. Stille.

Wenig später wendet die Igelköpfige sich zur Seite und nimmt eine Einkaufstüte von einem Haufen unter dem Laufband und legt sie zu den anderen Sachen dazu. Prinzessin Eisenherz dreht sich um, packt die Mutter am Handgelenk und zischt ihr zu: „Die brauchen wir nicht, wir haben doch den

Wagen!" Vorn am Einkaufswagen hängt ein Hackenporsche.

Stille.

Kurze Zeit darauf meldet sich wieder die Mutter zu Wort, deutlich lauter als ihre Tochter und mit ein wenig Triumpf in der Stimme: „Ich brauch so'n Beutel für zu Haus!" Das ist ganz offensichtlich die Rache für den Einkaufswagen, den sie nicht vorschieben durfte.

Stille.

Die Mutter gibt keine Ruhe und setzt ihren Angriff fort, ihre Intonation geht in Richtung Krakeel: „Weshalb hast du denn dein Portmonee in der Hand, du willst doch gar nichts kaufen, hast du gesagt!?"

Stille.

Die Tochter hält der Mutter ein Päckchen vors Gesicht: „Und was hab ich hier?"

Stille.

Viel zu laut für ein normales Gespräch fragt die Mutter: „Ja, und was ist das, was du da hast? Ich hab das so nah nicht sehn können."

Stille.

Mit gesenkter Stimme, aber ohne Rücksicht auf die hinter ihr stehende Mutter nach vorn gesprochen, sagt die Tochter: „Rasierklingen."

Stille.

Wieder wird die Mutter lauter: „Was hast du gesagt? Was ist das?"

Die Tochter, um normale Lautstärke bemüht, dreht sich halb um: „Ra-sier-klin-gen!"

Stille.

„Wieso kaufst du denn Rasierklingen? Wofür brauchst du die denn? Rüdiger ist doch ausgezogen!"

Stille.

Während dieses für die gesamte Warteschlange interessanten und lehrreichen Scharmützels haben die beiden Mädels ihre Süßigkeiten bezahlt, endlich sind die beiden Frauen an der Reihe. Die Kassiererin, die Prinzessin Eisenherz und die Igelin längst als Mutter und Tochter identifiziert hat, fragt die beiden: „Alles zusammen?"

Aber Mutter Igel ist nachtragend und zeigt mit eisiger Miene auf die Rasierklingen: „Die zahl ich nicht!"

Das Erholungsort-Dilemma
– Eine Barmstedt-Satire –

von Claudia Kollschen

Ein geschlossenes Strandbad. Bei 30 Grad! In den Sommerferien!
Der Gedanke schnürte dem Bürgermeister die Luft ab. Schnappatmung. Wie die Karpfen in seinem See, denen der Sauerstoff ausging. Unter dem Algenteppich, der immer größere Teile des Rantzauer Sees bedeckte.

Der Stadtoberste öffnete ein Fenster, plierte mit zusammengekniffenen Augen hinaus. Nein, von seinem Amtszimmer aus waren die Algen nicht zu sehen. Aber das quakende Geschrei der Gänse war zu hören, die es sich auf dem weichen, weißen Sand des Strandbades bequem gemacht hatten. Und den See, nun ja, als Toilette benutzten.
Er verzog das Gesicht und knallte das Fenster zu. Dann lieber ersticken! Wie der See.
Der Bürgermeister drehte eine weitere Runde auf dem Teppich seines Büros. Die Bewerbung lag auf seinem Schreibtisch. Er traute sich kaum mehr, einen Blick darauf zu werfen. Staatlich anerkannter Erholungsort, die Stadt brauchte das Prädikat. Er brauchte es – die Wahl stand an, er musste etwas vorweisen. Bisher war vieles schiefgegangen. Und das Meiste hatten diese Gänse zu verantworten.

Dabei hatte er bereits zwanzig Daunenkissen gekauft. Das Geschnatter verfolgte ihn bis in den

Schlaf. Natürlich schlief er nicht auf ihnen, auch die Decken hatte er verbannt. Er stapelte sie im Gästezimmer.

Gäste ... ihm brach der Schweiß aus. Touristen. Das war es eben! Ohne Strandbad keine Besucher. Ohne See kein Tourismus. Alles stand und fiel mit dem See. Die Algen stanken bestialisch. Unzumutbar.

Er warf noch einen Blick auf den idyllisch daliegenden See. Sein Problemkind. Und das der Stadt. Doch ihm hängte man es an.

Wie wurde man diese verdammten Gänse los? Er hatte schon alles versucht, stöberte täglich im Internet nach neuen Möglichkeiten.

Todesschreie von Artgenossen, vom Tonband abgespielt. Die Gänse hatten nur gelacht.

Jäger hatten mit Schrot auf sie geschossen. Zu gefährlich. Der Bürgermeister rieb sich den Oberschenkel.

Und dann waren ihm auch noch die Umweltschützer auf den Wecker gefallen. Sie hatten Schilder hochgehalten: „Gans oder gar nicht!" Der Bürgermeister seufzte. Gar nicht, wenn es nach ihm ginge.

Schließlich die Großeltern, die mit ihren Enkeln nicht mehr nur Enten fütterten, sondern sich jetzt den größeren Vögeln zugewandt hatten. Der Bürgermeister vergrub das Gesicht in den Händen. Unbelehrbar! Und sich dann beschweren, wenn er das Strandbad schließen musste. Das waren seine Wähler!

Die Stadt war attraktiv und lebendig, und er wollte verdammt sein, wenn das nicht auch so blieb! Er hatte Ziele, wollte die 10.000-Einwohner-Marke knacken. Das bedeutete mehr Geld. Auch für ihn. Und das bedeutete, nun ja, Anerkennung (und mehr Daunenkissen).

Konnte man diese blöden Gänse nicht einfangen und dorthin zurückschicken, wo sie herkamen? Wie viele Container würde man brauchen? Er würde seinen Bruder anrufen, der war Spediteur, der sollte mal rechnen.
Die Hand schon am Hörer fiel ihm ein, dass es so einfach nicht sein würde. Kanada-Wildgänse. Hm, Kanada würde ihm was husten. Die Viecher waren über sichere Drittländer eingeflogen. Er legte auf. Ein Fluch war das.

Zu heiß zum Denken. Er lockerte seine Krawatte und sah noch einmal hinaus, griff nach dem Fernglas. Keine Boote, keine Schwimmer, nur braunschwarz-weißes Federvieh. Verdammt!
Es klopfte. Seine Sekretärin trat ein, legte ihm einen Stapel Papiere auf den Tisch und verschwand wortlos. Sie sprach nicht mehr mit ihm, seitdem er die Jäger auf die Gänse angesetzt hatte. Sie war bei Greenpeace. Und im NABU. Oder war es der BUND?

Er stand auf und holte sich einen Kaffee. Die Milch, die er hineinschüttete, flockte. Der Bürgermeister sah auf die trübe Brühe, dachte *Algenteppich*, verlor den Appetit.
Was sollte er tun? Es gab das zweijährliche Karpfenabfischen. Aber ein Gänseschlachtfest? Die Familien, von denen er sich mehr in seinen Neubaugebieten wünschte, wären nicht amüsiert. Sie

würden ihren Kindern die Augen zuhalten, ihn mit Verachtung strafen und in die Nachbarstadt ziehen. Nicht auszudenken!

Der Bürgermeister schlich in sein Büro zurück. Er war versucht, die Jalousien herunterzulassen. Aus den Augen, aus dem Sinn. Leider nur dem Sehsinn, denn er hörte lautes Schnattern, offenbar überflog gerade eine Formation das Haus.
Es musste doch eine Lösung geben! Er schaute noch einmal auf die Gutachten, die auf seinem Schreibtisch lagen, Luft- und Wasserqualität. Wieder das Zahnschmerzgefühl. Vielleicht war es Zeit für radikalere Maßnahmen?

Sie könnten den Rantzauer See einfach zuschütten. Er war eh künstlich, erst 75 Jahre alt. Die acht Hektar konnte man auch anders nutzen. Die Parkanlagen vergrößern, ein großes Spaßbad bauen – künstlich natürlich, mit Wasserrutschen und viel Chlor und Beton –, den Vögeln den Spaß verderben. Sollte man doch mal sehen, ob die Gänse dann immer noch Lust hatten, sich hier niederzulassen und alles vollzukacken.
Das war die Lösung! Unpopulär, sicher, Bürger und Besucher liebten den See. Aber noch hatten sie ja nicht gesehen, was sie stattdessen bekommen würden. Eine gänsefreie Erholungsanlage! Er sah sie genau vor sich. Um Kosten konnte er sich später kümmern, wichtig war die Vision.
Der Bürgermeister nickte. Ja, so könnte es gehen. Den Gänsen die Lebensgrundlage entziehen. Er rieb sich die Hände. Stand auf. Legte einen kleinen Stepptanz hin.

Ein Geräusch schreckte ihn auf, etwas klatschte an die Scheibe. Es war schwarzbraun, von breiiger Konsistenz. Ein großer Fleck, dem ein zweiter folgte. Mit schnatterndem Gelächter flogen zwei Gänse vorbei. Der Bürgermeister starrte ihnen nach, sank in sich zusammen. Ohne uns geht nichts, schienen sie zu sagen. Die Bewerbungsunterlagen rutschten in den Papierkorb. Er hatte verloren. Wahl und Titel.

Moment, dachte er. Gans oder gar nicht? Dann eben ein Vogelpark! In ganz großem Stil. Mit Enten und Schwänen und Gänsen, vielen Gänsen, einem vereinzelten Haubentaucher, vor allem aber Gänsen. Sind doch ganz hübsch, die Dinger. Wir stellen Becher her, drucken T-Shirts. Wir sind nicht Entenhausen, aber Gans-Stadt klingt auch gut. Alles eine Frage der Vermarktung.
Mit feuchten Fingern zog er die Bewerbungsunterlagen aus dem Papierkorb.
„Wir fangen noch einmal neu an!", rief er ins Vorzimmer. „Und diesmal machen wir uns die Viecher zunutze."
Ha, wäre doch gelacht. Er fuhr sich durch die Haare.
„Noch bin ich hier Bürgermeister, und die werden mich kennenlernen."
Er bleckte die Zähne.
„Ich heiße schließlich nicht umsonst Wolfram Fuchs."

Köppelberg

von Jens Kraglund

„Ich hole eben schnell die Stauden aus der Baumschule", sage ich zu meiner Frau und fahre mit meinem kleinen blauen Auto los.

Über die Lübzer Straße hinweg, nach einer Linksabbiegung und einigen Kurven gelange ich in den Heidkampsweg. Jetzt nur noch einmal links in die Laubenstraße und kurz vor der Autobahnbrücke in die Ulmenstraße. Hier kann ich die bestellten Stauden von der Baumschule abholen. Sie stehen in zwei kleinen Kisten auf dem Hof vor dem Büro, so hatte ich es gestern vereinbart. Bezahlt hatte ich schon. Morgen wird uns Darius beim Einpflanzen helfen.

Ich stelle das Auto ab, steige aus, will mich auf den Weg machen.

Als ich die Türen des Wagens mit dem Funkschlüssel verschließe und mich umwende, ist die Gegend vollständig verändert, auch mein Auto ist nicht mehr da. Es stand doch eben noch auf dem Asphalt der Ulmenstraße, die sich mir nun als zerfurchter Sandweg darstellt! Die Häuser, sie standen am Straßenrand, sind wie vom Erdboden verschluckt, Heideflächen und Gebüsch bedecken den Boden über weite Strecken. Es ist kühl, aber sonnig, und ein frischer Wind weht. Vögel singen.

Ich bin verwirrt. In welches Zeitloch bin ich da gefallen? Ich selber habe mich nicht verändert, halte immer noch den Autoschlüssel in der Hand.

Nervös und mechanisch fingere ich mein Mobiltelefon aus der Jackentasche und schaue auf das Display. Kein Netz. Das Datum zeigt 7. November 1816. Wir haben aber doch den 12. August 2016!! Was geht hier vor?

Undeutliches Gemurmel dringt an meine Ohren. Dort, wo sich sonst die A 23 nach Pinneberg hinzieht, sehe ich eine baumbestandene Chaussee, auf der sich unzählige Menschen drängen, ihre Stimmen sind bis zu mir zu hören.

Ich schaue nach rechts und erstarre: Auf einem kleinen Hügel steht ein Galgen. Er ist „dreischläfrig" und besteht aus drei hohen Eichenpfählen, die oben durch ein Dreieck aus Balken verbunden sind. Eine Leiter mit drei Holmen lehnt daran, ein Strick hängt von oben herab.

Die Pfähle des Galgens sind mit Eisen beschlagen. Das sollte wohl verhindern, dass abergläubische Menschen sie zersägen, um dann das Holz des Galgens für Heil- und Schadenszauber einzusetzen. Auch eine Stange mit einem Rad und ein Richtblock sind deutlich zu erkennen.

Rote Steinstufen führen auf den Hügel. Ein schmaler Weg windet sich zur Chaussee. Soldaten sind zu sehen, die Bajonette ihrer Gewehre haben sie aufgepflanzt.

Zwei vierschrötige Gestalten halten einen gefesselten Kerl fest, ein zweiter wird von Soldaten bewacht. Ein Mann in Soutane hält ein Kreuz in den Händen und redet dem Gefesselten zu. Laut verliest ein Gerichtsdiener die Namen der Delinquenten und die Urteile, die zuvor auf der Dingstätte vor der Drostei gefällt wurden: Tod durch Enthauptung. Der Gefesselte ist Matz Laß, dem vorgeworfen wird, seine Frau ermordet zu haben. Der zweite, der von den Soldaten bewachte, ist sein Komplize Petersen, den das gleiche Schicksal ereilen wird wie das des Laß.

Die beiden Gestalten zwingen Matz Laß auf die Knie vor dem Richtblock, seine Hände werden an die seitwärtigen Ringe gebunden. Dann zerreißen die Kerle sein weißes Hemd am Kragen und pressen sein Haupt mit einem breiten Ledergurt nach unten. Aus dem Hintergrund tritt ein Mann mit langem schwarzen Mantel und Zylinderhut heran, das Gesicht bedeckt von einer Larve.

Er öffnet seinen Mantel und hebt die hier verborgene breite Axt, die mit ihrem Stiel von seiner Hüfte bis zum Boden reicht.

Die schwere Klinge blitzt im Sonnenlicht auf. Das Haupt von Matz Laß fällt zu Boden, ein Strahl roten Blutes schießt hervor.

Ein Raunen geht durch die Menge der Schaulustigen an der Chaussee, und Minuten später trifft die Richtaxt den Nacken von Petersen, noch bevor das Raunen der Gaffer verstummt ist.

Ich bin wie versteinert.

Ich stehe vor dem „Köppelberg", dem Richtplatz der Herrschaft Pinneberg, den bereits Daniel Freese auf seiner „Landtafel", einer frühen Darstellung der Gegend von 1588, eingezeichnet hat. Ich bin Zeuge der Doppelhinrichtung von Laß und Petersen geworden.

Die beiden wurden wohl später neben dem Richtplatz in ungeweihter Erde verscharrt. So wie die vielen anderen vor ihnen, deren Urteile im Laufe der Jahrzehnte hier vollstreckt wurden.

Mit feuchten und zitternden Fingern umklammere ich den Autoschlüssel und wende mich ab.

Da steht mein Auto auf dem Asphalt vor den Häusern am Straßenrand. Ich schaue in Richtung des eben Gesehenen: eine harmlose Grünfläche, dahinter die A 23. Es ist mal wieder Stau in Richtung Pinneberg, und ich höre vereinzeltes Hupen. Es scheint nichts geschehen zu sein.

Verwirrt gehe ich zum Hof der Baumschule, ergreife die beiden Holzkisten mit den Stauden vor dem Büro. Ich belade das Auto, fahre heim.

Durch welches Wurmloch geriet ich in diese Zeit? Die Bilder wollen nicht aus meinem Kopf.[1]

---

[1] Anmerkungen: Den Richtplatz gab es wirklich. Reste eisenbeschlagener Pfähle wurden gefunden. Die beiden Hinrichtungen haben tatsächlich an jenem Tag stattgefunden. Namen und Orte sind nicht erfunden. Der Autor hatte nach langer Forschung 2016 den Richtplatz metergenau lokalisiert

Auf dem Weg zum Bäcker in Halstenbek habe ich etwas gelernt

von Klaus Landahl

Meine Freundin hat ihren egozentrischen Morgen. Sie will ausgerechnet an diesem Sonnabend nicht akzeptieren, dass ich unerwartet ins Büro muss.

„Du hast frei. Da erwarte ich, dass du auch mal für uns da bist."
„Was ist denn plötzlich los?"
„Du musst die Brote vom Bäcker holen."
„Wie soll ich das denn machen? Am Sonnabend steht man beim Bäcker in einer endlosen Schlange. Dafür habe ich jetzt wirklich keine Zeit. Mein Büro ist in Hamburg, nicht nebenan!"
„Während du hier redest und dich sperrst, wärst du zehnmal vom Bäcker zurück. Außerdem musst du die Sachen nur rausholen. Bezahlt ist das Brot schon. Ich kann jetzt nicht aus dem Haus, das siehst du doch!"
„Gut", seufze ich, „zehn Minuten. Aber mehr ist nicht drin."
„Dann beeil dich. Und nimm Julia mit!"

Ach! Julia ist zwei Jahre alt. Zugegeben, sie ist meine Tochter, aber sehr viel hatten wir bisher nicht gemeinsam. Wenn ich ins Büro fahre, schläft sie noch. Wenn ich vom Büro komme, schläft sie schon wieder. Sollte sie ausnahmsweise noch wach sein, erwartet sie mich an der Haustür, kaum dass der Wagen ausgerollt ist. Ich fühle mich dann sofort gestresst und bedrängt, denn im Kopf habe ich noch tausend Dinge, die ich jeden Tag vom Büro mit in den Feierabend nehme.

Den Weg zu unserem Bäcker muss man in Halstenbek zu Fuß gehen. Freie Parkplätze gibt es dort kaum. Mit Julia wären diese 300 Meter endlos, also nehme ich sie auf den Arm. Auf diese Weise schaffe ich es vielleicht, halbwegs pünktlich im Büro zu sein.

Wortlos schaukelt Julia im Takt meiner eiligen Schritte, während ich in der Jackentasche nach dem Smartphone taste. Wo habe ich das zuletzt gehabt? Im Badezimmer? In einer anderen Hose? Wenn nun gerade jetzt eine Nachricht kommt?

Beim Bäcker gehe ich hastig an der Schlange vorbei, suche den angehefteten Zettel mit dem Namen meiner Freundin und klemme mir die Meterbrote unter den Arm. Draußen hebe ich Julia wieder hoch und strebe eilig zurück.

An der ehemaligen Grundschule müssen wir an einer langen Hecke entlang. Zum Glück ist kein Bekannter in Sicht, der Zeit kosten könnte.

„Ich will laufen."

Das war Julia. Sie spricht also doch. Bisher hat sie mir nur stumm über die Schulter geschaut. Jetzt sind es nur noch 200 Meter.

„Gleich, gleich", beschwichtigte ich sie, „Papa ist in Eile."

Julia schweigt erneut. Ich sehe ihr ins Gesicht, weil ich das unangenehme Gefühl habe, ihr Körper sei soeben versteift. Auch ihr Gesicht.

„Ich will laufen!", wiederholt sie trotzig.

„Scheiße", entfährt es mir laut und deutlich. Ich stelle Julia auf den Boden. „Aber du musst schnell gehen."

Sie nimmt meine Hand und geht los. Die zehn Minuten, die ich mir für den Gang zum Bäcker zugestanden habe und die ich auf der Autobahn wettmachen wollte, vergehen. Ich ziehe sie mit, bin ihr immer einen halben Schritt voraus. Wie kann man nur so trödeln.

Plötzlich bleibt sie abrupt stehen. Ungeduldig drehe ich mich zu ihr. „Was ist jetzt schon wieder los? Komm weiter! Ich muss ins Büro!"

Julia starrt in die Hecke, berührt ganz vorsichtig eines der Blätter. Es ist grün. Alle Blätter dieser Hecke sind grün.

Ich will sie weiterziehen, doch sie sträubt sich: „Psst", macht sie zu mir, „ein Käferchen!", und geht noch näher heran. Ihr Kopf berührt die Zweige, aber meine Hand lässt sie nicht los.

Gerade will ich ärgerlich „Na und? Käfer gibt es Tausende!" sagen, da sehe ich ihre dünnen kleinen Beine und das gemusterte Kleid und spüre plötzlich, wie viel Wärme ihre kleine

Hand mir gibt. Sie stupst den Käfer und redet mit ihm, als seien sie beide allein auf der Welt.

Ich halte den Mund. Ich will sie auch nicht mehr weiterziehen. Eigentlich müsste ich es tun, aber wann werde ich ihr wieder so nahe sein? Ich beuge mich sogar vor und flüsterte in ihr weiches Haar: „Er ist ein Marienkäferchen." Dass es die überhaupt noch gibt.

Als wir zu Hause ankommen, steht meine Freundin bereits in der Tür. „Wo bleibt ihr denn? Ich denke, du hast es eilig!?"
Julia rennt zu ihr. „Wir haben ein Ma-, ein Mari-" , schreit sie aufgeregt und begeistert.
„Wir haben ein Marienkäferchen gesehen", ergänze ich stolz.

Meine Freundin nimmt die Brote. Die Tür schließt sich. Ich stehe neben dem Wagen und will nicht losfahren. Jetzt noch nicht. Meine Hand ist ohne die Wärme meiner Tochter so nutzlos und leer.

Die Besprechung in Hamburg ist bereits zu Ende, als ich ankomme. Ich habe nichts verpasst. Am Montag wird es eine weitere geben.

Eine fast romantische Geschichte meiner Kinderzeit hinter dem Pinneberger Wasserturm

von Hannelore Lübcke

Anfang des Krieges während der allerletzten Weihnachtsvorbereitungen schneite ich buchstäblich hinein in das alte Bahnwärterhaus im Peiner Weg 51 hinter dem Wasserturm. Es ist noch von den Dänen erbaut, und die Steine stammten aus der gegenüberliegenden Ziegelei, hatte Opa herausgefunden. Als einziges Zugeständnis an die neue Zeit hatte das Haus elektrisches Licht. Für fließendes Wasser gab es die Pumpe auf dem Hof. Sie war launisch und verweigerte sich in heißen Sommern und frostigen Wintern.

Es war eng im Haus, und so lebten wir an schönen Tagen auf der Straße vorm Knick. Für die Vorbeikommenden stand eine Bank zum Ausruhen und Austausch von „wat gev dat hüt bi jürn to Meddag" und andere Neuigkeiten. So vermittelte sich Pinneberg Dorf mit Stadt und Peiner Hof.

Mein Liebstes wurden die Natur und das Malen. Im Sommer malte ich in den Sand der Straße und im Winter in die Eisblumen der Fenster, denn Papier war knapp. Opa und ich, wir waren gut zu Fuß, und so zogen wir mit dem Handwagen zum Peiner Hof. Holz zum Heizen, junge Gemüsepflanzen und Erbsenbusch für den Garten, Grünzeug für die Tiere und Geranientöpfe für die Fensterbank – wir besorgten alles. Wir wussten genau, wo im Frühjahr die schönsten Schlüsselblumen im Eier

Holt wuchsen, im Sommer die herrlichen Sumpf-
lilien an der Pinnau standen und wo im Herbst die
Wiese war, auf der es Champignons zu finden gab.
Eimerweise holten wir mit dem Krückstock Flie-
derbeeren aus den Knicks.

Wenn die Adventszeit gekommen war, gingen
wir ins Peiner Gehölz und schnitten Tannengrün.
Zuhause, durch das kleine Fenster, schienen die
letzten Sonnenstrahlen der untergehenden Sonne in
die Küche. Im Herd knisterten Holzkloben, und der
Wasserkessel summte. Oma band den Adventskranz
und schenkte mir den ersten braunen Kuchen. Mit
dem Tannenduft war die Weihnachtsfreude herein-
gekommen.

Ich besuchte Opa auf seinem Posten 14, half
Lampen putzen und sie abends zu den Signalen
zu bringen; er war nämlich Schrankenwärter.
Manchmal leisteten ihm Pensionäre Gesellschaft,
und ich lauschte atemlos den Heimatgeschichten,
die ihn mit einem alten Rektor verbanden. So über
die Feldherren Tilly und Wallenstein, die sich von
den Strapazen des Dreißigjährigen Krieges unter
den alten Eichen am Peiner Hof erholt hatten.

Und dann die Spekulationen um den unterirdi-
schen Gang, der vom Peiner Hof zum Pinneberger
Schloss führen sollte, und darüber, dass sich der
Seeräuber Klaus Störtebeker in dieser Gegend verborgen haben soll.

Einmal, bei Ebbe in der Pinnau, krochen wir
unter die Eisenbahnbrücke, um die Steinblöcke
herum, um die Blöcke herauszufinden, die – noch
von der Schlossruine stammend – beim Bau der
Brücke mitverwendet worden waren.

Wir Kinder hatten zu jeder Jahreszeit wiederkehrende Spiele: Hinke, Ball-Probe, Kippel-Kappel und viele mehr. Im Sommer die Feldmark und die vom Herbst überschwemmten und im Winter zugefrorenen Pinnauwiesen waren Paradiese. Nebenan war Christa eingezogen. Ich wollte Schule, sie lieber Hochzeit spielen.

Zwischen Peiner Hof und Posten 14 hielt am Ende des Krieges auf offener Strecke ein Versorgungszug der Wehrmacht zur Auflösung. Hier eine Zinkwanne voll Marmelade und Knäckebrot, und ein paar Tage später im Peiner Gehölz von den englischen Soldaten ein erlegtes Reh – diese geschenkten Schätze trug Opa nach Hause. Nun war der Krieg zu Ende.

Sonnabends wurde die Straße gefegt, geharkt, Pfingsten im Schrägen auf und ab. Rechts und links Birkenbüsche vor der Haustür. Meine Mutter nähte mir aus zwei alten ein neues Kleid.

In Trupps zogen wir Kinder in die Knicks. Wir pflückten Himbeeren und Brombeeren, suchten auf den Stoppelfeldern Ähren und buddelten nach Kartoffeln. Mancher lief barfuß, um die Schuhe zu schonen, andere, weil sie keine hatten.

Das Peiner Gehölz war bald abgeholzt für warme Stuben. Auf der gerodeten Fläche wuchsen nun Kartoffeln und Gemüse in kleinen parzellierten Schrebergärten.

Langsam normalisierte sich der Alltag, und es gab wieder etwas zu kaufen. Die nachfolgende Zeit brachte große Veränderungen mit sich. Der Posten 14 und das Bahnwärterhaus wurden abgerissen. Für das Hin und Her spannte sich vom Wasserturm auf die nun asphaltierte andere Seite eine Fußgängerbrücke. „Am Hafen" heißt es jetzt, und die Felder und Wiesen – manche warten noch auf ihre Bestimmung – sind nun Gewerbeflächen, andere gehören zum Golfplatz. Aus dem Herrenhaus Peiner Hof ist ein Restaurant geworden, in das mein Mann mich vor ein paar Tagen eingeladen hat. Von meinem Platz aus konnte ich aus dem Fenster in die Pinnauniederung blicken. Vor meinem geistigen Auge stieg ein Bild auf: Ungewöhnlich kalt war es an diesem Weihnachten, dem ersten nach dem Krieg. Am ersten Weihnachtstag morgens zogen wir uns warm an, stiefelten über das verschneite Feld hinab auf das Eis der Pinnau und liefen zum Peiner Hof. Wie ein Wintermärchen lag er da im Raureif, dünner Rauch stieg in den hohen Himmel. Wie alles glitzerte und im Sonnenschein funkelte! In den Ästen der uralten Bäume hing ein geheimnisvoller Zauber.

Tiefe Ruhe, nur hin und wieder das heisere Krächzen einer Saatkrähe.

Auf dem Nachhauseweg blieb ich am Fuß der Bahnbrücke stehen, es verwächst sich der Rest des alten Peiner Wegs mit unserem Garten. Die Grenze zum Nachbarn, der alte Fliederbusch, steht noch und träumt wohl seinen Traum von Lisa, Heinzi und all den anderen Kindern. Manchmal schenkt Herr Pastor uns dicke Fliedersträuße. Auf der Brücke hielt ich noch mal an und blickte auf die Gleise. Das war früher einmal die Christian-VIII-Ostseebahn, hatte Opa erzählt.

Im Gebüsch am Bahndamm schimmert unser alter Soot. Eigentlich war es ja verboten, aber Christa und ich saßen trotzdem drauf, zählten die vorbeirollenden Güterwaggons der Züge und ließen die Beine baumeln. Nun war es die Reichsbahn. Ich blickte auf. Vor lauter Essen, Kaffeetrinken und Sinnieren war es spät geworden, und ein wunderschöner Abendhimmel hatte sich ausgebreitet.

„Wie war das", fragte ich meinen Mann, „hast du auch den Zauber bemerkt?" Die Antwort konnte ich nicht verstehen, denn in diesem Augenblick rauschte die elektrifizierte Bundesbahn vorbei. Ich hakte mich unter; wir gingen auf die andere Seite der Brücke, denn da bin ich nun zu Hause.

Pinneberger Baumschulfamilien,
eine Geschichte aus Pinnebergs Glanzzeit

von Joachim Malecki

Ich bin Heinrich Ramcke, geboren im August 1915. Ramcke heißen ganz viele Familien im Kreis Pinneberg. Die meisten unserer Sippe waren Bauern, Geestbauern, das heißt, in früheren Zeiten arme Bauern. Auf den Sandböden gediehen Kartoffeln, Hafer und Roggen. Auf den feuchten, sauren „Schlangenwiesen" in Thesdorf weideten die Kühe. Großvater erzählte oft von den Veränderungen in der zweiten Hälfte des 19. Jahrhunderts. Da gab es den Baron Voght in Klein Flottbek mit seiner „Ornamented Farm". Der Baron ließ die Bürger und armen Leute sein Landgut besuchen, das er wie einen großen Park bewirtschaftete. Und da war sein Obergärtner, der James Booth, der aus Schottland kam und all die exotischen Pflanzen nach Klein Flottbek brachte.

Er hatte eine große Baumschule, wohl über 40 Hektar, und zog Rhododendren, Azaleen, Kamelien und Rosen an. Alle reichen Leute aus Hamburg wollten seine Pflanzen haben und bald auch in ganz Deutschland und Skandinavien und Russland. Der Herr Booth aus Schottland war sehr geschäftstüchtig. Als der Platz in seiner Baumschule nicht mehr ausreichte, hat er Anbauverträge mit den Bauern aus dem Kreis Pinneberg gemacht. Die haben dann auf ihren mageren Sandböden alle gängigen Gehölze und Bäume und natürlich Rosen für Herrn Booth angebaut.

142

In der nächsten Generation haben die Bauern, schlau, wie sie waren, die Sache selbst in die Hand genommen. Immer mehr Bauern wurden Baumschulbesitzer. Großvater war auch dabei. Er war noch schlauer als andere. Er spezialisierte sich auf Wald- und Straßenbäume. Bald ging das Geschäft so gut, dass vom Kreis Pinneberg von der „Wiege des Deutschen Waldes" gesprochen wurde. Bei uns zuhause veränderte sich auch viel. Das alte Wohnhaus wurde abgerissen. Stattdessen entstand ein richtiges Herrenhaus, das für einen Baumschulbaron, so nannte man damals die Erfolgreichen, standesgemäß war. Vater und seine Schwestern hatten einen Hauslehrer. Es wurde Mal- und Klavierunterricht erteilt. Die Tanten machten das freiwillig, Vater war es ein Gräuel. Er war Baumschuler mit Leib und Seele. Als Kind wohlhabender Eltern konnte ich mir alles erlauben, Reisen in die USA, Fotografieren und Bücher schreiben. Vater war bekümmert, denn er sah, dass die dritte Generation keine Lust hatte, eine Baumschule zu leiten. Und so kam es, dass unser Betrieb bald in Konkurs ging.

Auf den Baumschulfeldern ging das Leben weiter. Mittellos, wie ich nun war, musste ich in einem Betrieb arbeiten, der der nahen Verwandtschaft gehörte. Es war im Juli 1935, der Sommer war heiß und trocken. Auf den Rosenfeldern rund um Pinneberg wurde veredelt, was das Zeug hielt. Und mitten drin das alljährliche Rosenfest mit Umzug, Rosenball und Rosengarten. Der war neu und wurde festlich eröffnet, von den Nazis, ausgerechnet, nachdem die Vorarbeiten bereits 1929 begonnen hatten. Aber so war das ja auch mit den Autobahnen, deren Planung in den Schubladen lag und von Hitler schnell übernommen wurde. Nicht um Platz für den Volkswagen zu schaffen, sondern um freie Fahrt für deutsche Panzer zu gewährleisten.

Im Juli war in Pinneberg immer Ausnahmezustand. 9000 Einwohner schafften die logistische Meisterleistung, 50.000 Besucher aus Deutschland und Skandinavien zu beherbergen und zu bewirten. Platz war genug vorhanden. In 40 Lokalen wurde gegessen, getrunken und getanzt.

Und dann die Rosenbälle. Man konnte zwischen einem Dutzend auswählen. Dort saßen sie, die Familien der Baumschulbarone, die über nur drei Generationen zu Wohlstand und bürgerlichem Ansehen gekommen und deren Söhne auch in der dritten Generation immer noch mit Leib und Seele Baumschuler waren. Dann waren sie die Söhne und Töchter, die bei solchen Gelegenheiten verkuppelt wurden. „Drum prüfe, wer sich ewig binde, auf das sich Geld zum Gelde finde", ist eine alte Weisheit. Die Handelsfürsten aus Hamburg haben über die Jahrhunderte vorgemacht, wie es geht. Man nannte diese Veranstaltungen auch „Hektarbälle". Da wurden die jungen Leute von den Alten zusammengeschnackt, nachdem vorher sorgfältig geprüft worden war, wer wie viel und wo Baumschulfelder besaß. Das ging zu wie weiland in den europäischen Fürstenhäusern.

Manchmal wurden es gute Ehen, manchmal auch nicht. Wenn einer Tochter der zugeschnackte Sohn nicht gefallen hat, dann gab es Ärger. „Modder, ik mach em nich lieden." Daraufhin die Mutter: „Swieg still, Deern, Liebe vergeiht, Hektar besteiht."

Manchmal verging die Liebe nicht. Symbol dafür waren die „Hochzeitsbäume" im Stadtwald „Fahlt". Nach der Trauung in der nahen Christuskirche ging das Brautpaar mit zwei Setzlingen einer Eiche und einer Buche dorthin und pflanzte sie dicht nebeneinander, als Symbol für die Liebe, die Kraft und das Versprechen „in guten wie in schlechten Zeiten". Was für ein wunderbarer Brauch war das. Manches Baumpärchen schmiegte sich in der Krone aneinander, andere wuchsen demonstrativ auf Abstand. Eheschicksale in Baumform gepackt.

Die anderen jungen Leute, die Landarbeiter, die Baumschullehrlinge und Gehilfen, bewegten sich außerhalb dieser Parallelwelt. Am Rosenfestwochenende saßen sie in den Sortierhallen und steckten die Schnittrosen zu hunderttausenden in die Prunkwagen für den Rosenkorso. Da war nichts mit Rosenbällen. Nur tausend verpasste Küsse und kein Verkuppeln mit einer begüterten Tochter, was für mich eine zweite Chance gewesen wäre. Die Baumschulbarone achteten auf ihren Stand.

Zum Rosenfest und Rosenball kamen besonders die Hamburger Arbeiterfamilien aus Barmbek, Rothenburgsort und Altona. Für 25 Pfennig ging es auf der Bahnlinie Altona-Kiel bis Pinneberg. Kuchen und Wurstbrote wurden mitgebracht. Man gönnte sich in einem der zahlreichen Lokale Kaffee für die Frauen und Bier für die Männer, die Glückseligkeit der sogenannten „einfachen Leute". Die Hamburger Arbeiterfamilien kamen in Scharen nach Pinneberg, um sich zu waschen. Sie badeten und reinigten sich in der Sommersaison in den Flussbädern der Pinnau, Düpenau und Rellau sowie in den Strandbädern im Quellental, denn in ihren einfachen Arbeiterwohnungen gab es keine Bäder.

Und dann kam er, der Pinneberger Rosengarten, Schaugarten und Werbefläche für 80 Rosenbaumschulen im Kreis, die jährlich 10 Millionen Rosenstöcke in alle Welt exportierten. Der Kreis Pinneberg, das größte Baumschulland der Welt, mit 4200 Hektar Anbaufläche.

800 verschiedene Züchtungen wurden gezeigt, und die Pinneberger hatten endlich ihren Stadtpark.

Da gab es Lauben, in denen unter betörenden Rosendüften Küsse mit abenteuerlichen Versprechen ausgetauscht wurden, Rosenfelder, die nach Goethes Farbenleere gestaltet wurden, Ruhebänke im feinsten Stil des Art déco. Dorothee, meine Liebste, wurde auch in einer dieser Lauben erobert. Unsere Hochzeitsbäume wuchsen gerade in den Himmel. Wir hielten beide nichts von dieser Symbolik.

Das Ende des Rosengartens kam bereits 1941. Ich musste ja schon 1939 in diesen verdammten Krieg. Dorothee schrieb mir an die Front, dass der Rosengarten umgepflügt wurde, um Platz für Kohl und Kartoffeln zu schaffen, denn das Volk sollte ja nicht hungern, trotz Krieg und allgemeiner Not. Die Bänke, Stelen, Lauben und Pergolen wurden verheizt, die Kriegswinter waren alle kalt. Und der Slogan des Winterhilfswerks „Niemand soll hungern und frieren" wurde von den Pinnebergern verballhornt zu „Niemand soll hungern, ohne zu frieren". Wohl dem, der nicht denunziert wurde und im KZ landete. Das alles passierte.

Als ich unversehrt aus dem Krieg zurückkam, war der Rosengarten eine Schlammwüste. Das machte mich nach all den fürchterlichen Kriegserinnerungen noch trauriger. Aber wie oft im Leben gab es auch hier wieder Hoffnung. 1950 wurde ein neuer Rosengarten gebaut. Er war wie ein Symbol für den Neuanfang, das Wirtschaftswunder und die wiederkehrende Lebensfreude.

Wenn ich mit Dorothee dort unseren gewohnten Sonntagsspaziergang machte, dachten wir an die Lauben und die Versprechen. Ob es sie irgendwann einmal wieder geben wird?

Anmerkung: Personen und Namen sind fiktiv. Der geschichtliche Rahmen und die zeitlichen Umstände sind identisch.

Der Rucksack

von Inge Mahlstedt

Next station Pinneberg.
The train terminates there.
All change please.

Im Innern der S3, die langsam in den Bahnhof ein-
fuhr, ertönte bereits der englische Teil der Ansage,
als Ines sich hastig atmend an das Geländer am
Ende der Geleise lehnte. Gerade noch rechtzeitig!
Schon strömte eine bunt gemischte Schar von Schülern, Müttern mit Kindern und Rucksack-Rentnern
kreuz und quer über den Bahnsteig direkt auf sie zu.

Ganz hinten erkannte sie Barbara an ihrer lilafarbe-
nen Jacke. Hatte sie schon vergessen, dass man am
besten vorne in den Zug einsteigt, wenn man in Pinneberg aussteigen will? Über der Seidenjacke zeichneten sich die breiten Träger ihres Rucksacks ab.
Sie zog einen kleinen Koffer hinter sich her.

„Schön, dass du es endlich geschafft hast, lass dich
mal anschauen, wie war deine Reise, you're looking
younger than ever ..." Im Redeschwall versuchte
Ines die obligatorischen Links-Rechts-Küsschen zu
platzieren.

„Alles o. k., lass uns bloß schnell eine rauchen."
Barbara nestelte an ihrer klitzekleinen Umhängeta-
sche. Ines lief voraus, um sich beim Coffee Shop
anzustellen, und erschien bald darauf mit zwei Latte

Macchiato an dem Stehtisch, den Barbara besetzt hatte. Sie sog bereits an ihrer Elektro-Zigarette.

Wenig später stiegen die beiden die Stufen zum Stadtwald hinauf, dessen Hauptweg direkt zu Ines' Wohnung führte. „Wie bekommt dir Multikulti? Bist du immer noch so begeistert von Berlin? Nimmst du dir endlich Zeit zum Schreiben?"
Auf halbem Wege blieb Barbara stehen. „Wenn ich dich um etwas beneide, dann ist es das hier." Der Wald zeigte sich an diesem Frühlingstag von seiner allerschönsten Seite. Sanft wiegten sich die Äste mit dem jungen Grün, und aus den Bäumen erklangen die Balzgesänge der Vögel. Barbara atmete tief ein und ließ ihren Blick bis in die Baumwipfel kreisen. „Heerrrlich!"

Plötzlich riss sie die Augen auf und zischte zwischen zusammengepressten Zähnen: „Hast du meinen Rucksack?" „Nein, ich habe nur meine Tasche ..." Ines klopfte auf die rote Kunststofftasche, die sie an der Schulter trug. „Entschuldigung, ich dachte, du hast ihn ..." Beide blickten um sich, als ob sich der Rucksack irgendwo im Gebüsch versteckt hätte. Dann rannten sie – so schnell es ging – zurück zum Bahnhof.

„Ja, mein Kollege hat einen Rucksack am Bahnhofsschalter abgegeben." Während die Verkäuferin im Coffee Shop noch allen erklärte, dass man heutzutage nicht vorsichtig genug sein könne, hatte Ines das Bahnhofsgebäude erreicht.
„Ist hier ein Rucksack abgegeben worden, ein schwarzer Rucksack?" Über ihren Kunden hinweg

antwortete die Bahnbeamtin, man habe schon die Polizei geholt, das mache man bei allen herrenlosen Fundstücken.

Wenige Minuten später wurde ihnen die Tür zum Nebenraum geöffnet. Dort erwartete sie der freundliche Polizist, den in Pinnebergs Innenstadt fast jeder kannte.

„Ein schwarzer Rucksack, ungefähr so groß, Marke Burton." Der Polizeibeamte griff in ein seitlich angebrachtes Regal. „Ja, das ist er!", rief Barbara. „Und nun beschreiben Sie den Inhalt, möglichst von oben nach unten." Während sie zwei Bücher, zwei Kulturtaschen, davon eine mit Medikamenten, eine Regenjacke, eine Spiegelreflex-Digitalkamera aufzählte, legte er die Gegenstände auf den Tisch. Die große Kamera ertastete er nur mit den Händen.

„Alles in Ordnung. Nochmal Glück gehabt, meine Damen."
„Danke, danke, vielen herzlichen Dank!"
Über den edlen Finder verlor er kein Wort, und die beiden versäumten in der Aufregung danach zu fragen.

Als Ines und Barbara mit einem Gepäckstück mehr, aber dennoch erleichtert das Bahnhofsgebäude verließen, fuhr gerade der 185er in Richtung Klinikum ein. Schnell nach Hause und zur Ruhe kommen, daran war ihnen beiden gelegen.
Barbara stellte das Corpus Delicti mitten im Flur ab und betrachtete es wie einen Fremdkörper. „Schau nochmal nach, ob alles drin ist", meinte Ines.

Barbara zog den Reißverschluss auf, entnahm die Bücher, die beiden Kunststofftaschen, die Regenjacke. Als sie die Spiegelreflex herauszog, zögerte sie. „Moment mal. Da ist noch etwas in der Seitentasche ...“ In der Hand hielt sie eine kleine Digitalkamera im Kunststoff-Etui. „Ich habe garantiert nur die Spiegelreflex eingepackt.“ Mit geübter, wenn auch etwas zittriger Hand rief sie die Bilder auf, die sich auf dem fremden Fotoapparat befanden. Ein Mann war darauf zu sehen, der vor einem PKW stand. Das Autokennzeichen war zur Hälfte lesbar. Es war ein Berliner Kennzeichen.

„Wie wunderbar mysteriös.“ Ines ließ den Korken einer Sektflasche ploppen. „Ein richtiger Kriminalfall!“ Sie stolzierte mit den Gläsern durchs Zimmer und sagte im strengen Ton einer echten Fernsehkommissarin: „Also lass uns zusammenfassen. Was haben wir?“

„Uns ist eine Kamera zugesteckt worden, die ich am liebsten behalten möchte, weil meine nichts mehr taugt.“ Barbara hatte sich die Schuhe ausgezogen und die Füße auf der Wohnzimmercouch hochgelegt. „Außerdem bin ich 300 km gefahren, um mit dir endlich das von dir gewünschte Grundsatzgespräch über unsere Alters-WG zu führen. Nicht um einen Krimi zu schreiben.“
„Warum eigentlich nicht? Wir haben den einzigartigen Fall, dass sich in einem verloren gegangenen Rucksack ein Fotoapparat befindet, der vorher nicht drin war. Derjenige, der den Rucksack abgegeben hat, kann der Täter sein. Oder einer, der das gute Stück hat einsam stehen sehen, musste sich des

Apparats dringend entledigen. Welchen Grund hatte er dafür? Ist dir irgendeine merkwürdige Gestalt am Bahnhof oder am Coffee Shop aufgefallen?"

„Wenn du mich so fragst ... Da war doch dieser Penner, der um eine Tageskarte bettelte, der alte Bohemien ganz in Schwarz mit schlohweißem Zopf und die Gruppe junger Ausländer, denen die deutsche Oma mit Englischkenntnissen die Örtlichkeiten erklärte. Aber der oder die könnte ja auch schon im Intercity gewesen sein ..."

Bis zum frühen Morgen entwickelten die beiden Freundinnen gemeinsam eine haarsträubende Geschichte nach der anderen.

Am nächsten Vormittag machten sie sich zu Fuß auf den Weg zur Polizeistation in der Elmshorner Straße. „Fundstück im Fundstück." Der junge Polizeibeamte konnte es kaum glauben. „Das ist ja sehr geheimnisvoll. Wir werden versuchen, den Eigner herauszufinden. Wenn uns das binnen eines halben Jahres nicht gelingen sollte, dann können Sie die Kamera hier abholen. Wir werden Sie verständigen."

„Die Abfahrt der S3 in Richtung Neugraben verzögert sich um 8 Minuten."

Lachend umarmten sich die Freundinnen. Sie hatten erstaunlich entspannte Tage miteinander verbracht und währenddessen mehrere Kapitel eines spannenden Krimis geschrieben. Aus der einst geplanten Alters-WG würde wohl so schnell nichts werden.

152

Traum 20 a/b
Worte zur Verleihung des Pinneberger
Kreiskulturpreises, 8. November 2015

von Nikola Anne Mehlhorn

Neben so Positivem wie dem Kulturpreis des Kreises Pinneberg – für den ich danke, und über den die
Freude noch größer wäre, hätte er einen attraktive-
ren Namen; bitte, werte Verantwortliche, gewährt
diesem Preis einen würdigen Namens-Relaunch!*
– neben diesem Positiven existieren auch weniger
erfreuliche, nachtmährige Negative in unserer Men-
schenwelt, von denen ich erzählen möchte. Konkret
anhand des Doppeltraums 20 a und b der letztletz-
ten Nacht. Indem ich etwas benenne, banne ich es.

Träume als Spiegel des Lebens, noch komplexer als
Erinnerungen. Sie verrätseln und erklären. Das
Spektrum der Träume lässt sich bekanntlich unter-
teilen in helle und dunkle Gespinste. Erstere han-
deln von Elfen, zweiköpfigen Zwitterwesen oder
Liebe, letztere von Abstürzen, Mobbing oder be-
schämender Nacktheit.

Mein Doppeltraum 20 a/b lässt sich uneindeutig
beiden Kategorien zuordnen. Traum a gehört wohl
eher zu den Dunkelträumen, b zu den Klarträumen.

Traum 20a – Shades of brown

Ein herrlicher Kontinent. Gesund, grün, hochhausig – und etwas Schmutziges, das sich darauf ausbreitet, seine Täler und Seen, Wälder und Städte füllt. Das Schmutzige gleicht Fäkalien, giftiger Brühe oder Ähnlichem.

Ich erkenne von meiner Traumwarte aus, dass es brauner Abschaum ist, der aus bundeslandgroßen Töpfen quillt, überbrodelnd, alles verschmutzend. Gekocht von sogenannten Glatzgeistern, hirn- und haarlosen Wesen; ist hirnloses Leben möglich? Sie rühren in ihren Kesseln deutsch-europäische Suppe, Hexensuppe, aus uralten Zutaten bestehend. Dabei skandieren sie, unverständlich.

Plötzlich flutet anderes die Länder, Massen von Fluchtmenschen, die vor anderen Menschen fliehen, sie bilden gewaltige Ströme und Lager. Die Glatzgeister geifern, sieden laut mehr Abschaum. Alle Landespegel aus Ekel- und Menschenwogen steigen. Politiker ragen aus dem schmutzigen Wirrwarr. Wortfetzen: Große Aufgabe. Ökonomisch, strukturell. Kapazitäten erschöpft! Grenzen dicht?!

Als Mitglied des PEN International zücke ich hilfsbereit mein Smartphone, die PEN-Resolution „Schutz in Europa" muss her. Lesen, so laut es geht:

● Europa muss Menschen in Bedrängnis zu Hilfe kommen und legale Fluchtwege ermöglichen.

- Akut gefährdete Menschen sollen schon im Herkunftsland in den Botschaften der europäischen Staaten Visa beantragen können.
- Flüchtlinge sollen nicht länger ihr Leben riskieren müssen, um nach Europa zu kommen und sie sollen, wenn sie in Europa Asyl suchen, nicht länger kriminalisiert werden.
- Um die Gleichbehandlung der Flüchtlinge in allen EU-Staaten zu ermöglichen, müssen die finanziellen Aufwendungen gerecht verteilt werden. Ein europäischer Flüchtlingsfonds, in den die Mitgliedsländer ihrer wirtschaftlichen Leistung entsprechend einzahlen, soll den Umgang mit Flüchtlingen aktuellen Stimmungsschwankungen entreißen und die Umsetzung eines verbindlichen europäischen Asylrechts ermöglichen.
- Die Europäische Union muss als gemeinsamer Schutzraum für Flüchtlinge verstanden werden.
- Europäische Grenzschutzeinrichtungen sind als Sicherheitsmaßnahmen zu verstehen, sie sind nicht dazu da, andere zu gefährden. Das Massensterben von Flüchtlingen darf nicht durch Grenzschutz legitimiert oder tatenlos hingenommen werden.

Traumhaft eskalierender Tumult, meine Stimme verschwimmt in der abendländischen Sintflut. Auf der Zugspitze brennende Politiker, daneben Neonazis, die auf Flüchtlingskinder urinieren. Ich erwache, erschrockenst.

Shades of brown: Zu viele Schattierungen des braunen Ekels, zu viel Verdunklung im europäischen Raum. Man sieht Immanel Kants „bestirnten Himmel" nicht mehr. „ ... und das moralische Gesetz"? Europa, Friedensnobelpreisträgerin, besinn' dich auf deine Ideale – sie werden gerade mit brauner Brühe bekleckert! Shame on brown!

Traum 20b – Das Wort

Eine große Kirche. Ein gotisch-barock-expressionistisches Bauwerk hoch über dem Westmeer, belegt mit einer murmelnden Gemeindemenge. Ich erkenne unter den Gläubigen Günter Grass, Verlegergiganten, dekorative Autorinnen und Rezensenten, die inbrünstig beten:

„Ich glaube an die Kraft des Wortes in Sprache, Schrift und Gedanken.

Ich glaube, dass Worte Kriege stiften und beenden können.

Ich glaube, dass die Literatur der Seele Nahrung gibt, sie bessert und tröstet.

Ich glaube, dass Worte Recht und Freiheit herstellen können.

Ich glaube an das Buch als heilendes Medium.

Ich glaube, dass Worte die stärksten Waffen sind.

Ich glaube, dass Kämpfe und Konflikte künftig mit Worten gelöst werden.

Ich glaube, dass Worte die mächtigste Droge der Welt sind.

Ich glaube, Literatur als Gegenwelt hält mich hier auf dieser Welt."

Leider sind nicht auch Salafisten, Rassisten oder andere Hirnamputierte in der Gemeinde zu sehen. Diese Literaturen-Religion wäre in der Lage, die Menschheit zu befrieden.

Ich setze mich vor die Kirche und blicke über das Westmeer bis hin zum Horizont. Erinnert er an eine Buchseite? Gradlinig und scharf, vorne beschrieben mit kräuseligen Wellenbuchstaben, Schicksalen, Künftigem – und auf der Rückseite? Das wissen nur die Götter.

Danke.

* Der Kulturpreis des Kreises Pinneberg wurde nach diversen Diskussionen Anfang des Jahres 2016 umbenannt: Drostei-Preis – Der Kulturpreis des Kreises Pinneberg.

Zum Absaufen

von Martin Musiol

Ich drängle mich zwischen den schwarzen Gestalten in die S-Bahn, Bahnhof Pinneberg, S3 nach Buxtehude, 7:30 Uhr. Es ist noch dunkel, und meine Brille beschlägt. Ich bekomme noch einen Platz gegen die Fahrtrichtung; langsam wird mein Blick klarer, die meisten Mitfahrer sind tatsächlich schwarz gekleidet, ich ja auch.

Nur mit dem Rücken zu mir sitzt ein junger Mann mit glänzender, roter Steppjacke und Pelzkragenkapuze; woher weiß ich, dass er jung ist und ein Mann, ich seh ihn doch nur von hinten?

Die meisten Sitzplätze sind jetzt besetzt, ich blinzel umher, viele Platzbesetzer, ja, die meisten sind in sich gekehrte Touchscreenhandybesitzer und -benutzer, mit runden Rücken, angewinkelten Armen, ausdruckslosen, bläulich von unten beschienenen Gesichtern und starrem Blick.

Vor dem Bahnfenster bewegen sich Beleuchtungsträger erst langsam, dann schneller, bis sie rennen.

Vor mir ein Mädchen, ich schätze ihr Alter – ein Hobby von mir – auf 16, wohl eine Schülerin, grauer Schal, schwarze Jacke, schwarze Strickmütze bis in die Stirn, sie ist ganz in ihr Display eingetaucht, ihre Tasche seitlich neben sich gedrückt. Daneben ein Mann, über 40, vielleicht ein Groß- und Außenhandelsbüromensch, Stoppelhaare, etwas korpulent, die schwarze Winterjacke spannt an den Schultern und über dem Bauch, sein rechter Daumen zuckt nervös über sein S-Phone. Was er wohl schreibt, nach seinem eingefrorenen Gesichtsausdruck zu urteilen, etwas Unerfreuliches.

Links von mir schnauft – ich seh es aus dem Augenwinkel – eine schwarz bewollmantelte, na, sagen wir, eine Kosmetikfachverkäuferin mit Edelfingernägeln, schwarzen Leggins, Stiefeletten und einem kleinen Rucksack zwischen den Füßen. Erstaunlich, wie sie mit den aufgeklebten Fingerverlängerungen die kleine Tastatur ihres I-Phones betippen kann.

„**Nächste Haltestelle Halstenbek**" … Halstenbrech, keiner macht sich hier Gedanken, dass hier früher Leuten der Hals gebrochen wurde, am Galgen.

„**Ja, hallo!**" Ich zuck zusammen, das Mädchen gegenüber spricht mich an, sie schaut mich an … nein … sie sieht durch mich hindurch.
„**Ich bin gerade … in, in … Halstenbek.**"
Eine weiße Kabelschlange windet sich über ihre polyesterbesteppte Brust, über ihrem Schlüsselbein verdickt es sich zu einem Knopf, dann verschwindet die weiße Linie unter ihrer Mütze … eine Headsettelefoniererin.

„**Und wie hast du gestern Abend überstanden, du warst ja auch ganz schön angeschickert … ja, das glaub ich.**"
Vor dem Fenster graut der Morgenhimmel über Halstenbek. „**Ausstieg …**" – eine kleine Verzögerung erhöht die Spannung – „**links!**" Na, das ist keine wirkliche Überraschung, origineller wäre: „Ausstieg … na wo wohl!" oder „Ausstieg … ist mir doch egal, guck selbst!"

„Hab ich doch gemerkt, dass du ihn ganz schön angemacht hast ... ach, Quatsch, ich?"

Meine Nachbarin hebt ihren Rucksack vom Fußboden auf ihren Schoß ..., und hat sie gerade gestöhnt?

„Ich **werd dir jetzt mal ein Geheimnis verraten, du hältst doch dicht?"**

Jetzt dreht sich der Rotglanzbejackte für einen kurzen Blick um, es ist tatsächlich ein junger Mann.

„Fettsack-Lena ist auch ganz heiß auf Emre, da hat sie sich gestern verraten."

Der zuckende Daumen des Groß- und Außenhändlers hält jetzt still und lauscht.

„Nächste Haltestelle ... Krupunder!" Noch so ein alter Richt- und Strafplatz, der Krupunder See, ich stell mir die grölende Menschenmenge um den See vor: „Krup under, krup ihn doch endlich under!" Wieso ihn, nein sie,... „wegen grober Belästigung Unschuldiger durch öffentliches Telefonieren!", dann drückt der Henker das Opfer mit der Astgabel unter Wasser.

Draußen hecheln wieder Bäume und Häuser vorbei.

„Wartet doch, ich sag doch ... könnt ihr nicht Diebsteich auf mich warten, ich bin doch gleich da ... Hat Emre eben mitgehört? ... Das ist unfair! ... Ihr seid doch am Diebsteich?"

So, jetzt langt es aber, die dritte Hinrichtungsstätte auf einer so kurzen Entfernung ... zum Absaufen bei Eigentumsdelikten ... extra für Altonas Diebe.

Die dichtgedrängten Birken verlangsamen überraschenderweise ihren Lauf ... und bleiben stehen.

Die Kosmetikerin schaut an mir vorbei aus dem Fenster. Hat sie schon wieder gestöhnt?

„Oh, ne, jetzt halten wir auf freier Strecke, ihr bleibt doch? … Das mit den 20 € stimmt so nicht, die hab ich gefunden."

Komisch, die Smartphone-Ditscher ringsherum ditschen gar nicht mehr.

„Verehrte Fahrgäste, die Weiterfahrt verzögert sich wegen eines Polizeieinsatzes im Bahnhof Diebsteich um ein paar Minuten!"

Ich schau mir die blattlosen, ungefragt wachsenden Birken an den Bahngleisen an und denke: ‚Armer Emre!' und ‚Ich, … ich komm zu spät!'

„Ja, hallo, ich wollt nur sagen, ich weiß nicht, ob ich es rechtzeitig schaffe, die S-Bahn steht, … ja, ein Polizeieinsatz", spreche ich in mein Handy.

Das schwarze Herz

von Rani Nissen

Der 15-jährige Jack lebt alleine mit seiner Mutter in der Kleinstadt Wedel. Er ist besonders, er sitzt nämlich den ganzen Tag in seinem Zimmer und bastelt. Der Junge bastelt nicht mit Schere und Papier, sondern mit Holz und Herzen. Er tischlert sich aus dem Holz Puppen und setzt ihnen die Herzen ein, damit er Freunde bekommt. Denn in der realen Welt hat er keine, da alle sein Hobby abstoßend und eklig finden. Die Einzigen, die diese Begabung verstehen, sind sein Onkel und seine Cousine.

An einem grauen Regentag setzte Jack sich an seinen Schreibtisch und fing an, an seiner Lieblingspuppe zu arbeiten. Diese Puppe war schon viele Jahre alt, und sie brauchte dringend ein neues Herz. Jack hatte nur kein Schweineherz vom Fleischer bekommen und nahm deswegen das kleine Ersatzherz, das er mal von seinem Onkel bekommen hatte.

Sein Onkel hatte ihm erzählt, dass er das Herz von einem Flohmarkt in Transsylvanien hatte. Ein alter Marionettenspieler hatte es ihm angeboten, und sein Onkel musste es Jack einfach mitbringen. Jack fand das Herz schon immer etwas gespenstisch, es war schwarz und pochte ununterbrochen. Doch es war das einzige, das noch da war.

Also setzte Jack der Puppe namens Freddy das Herz ein. Sofort sprang die Puppe auf. An ihren kleinen Puppenaugen sah Jack, dass irgendetwas mit ihr nicht stimmte. Seine Vermutung bestätigte sich, als

Freddy aus dem Fenster sprang und die neblige Holmer Straße runterrannte. Jack fackelte nicht lange, sprang auch auf und rannte, so schnell er konnte, hinterher.

Als er in die Gärtnerstraße einbog, hörte er ein schreckliches Lachen. Dieses Lachen kam vom dunklen Spielplatz, vor dem er stand. Mit leicht zitternden Knien ging er auf die Mitte des Spielplatzes zu.

„Hallo, Jack!", sprach auf einmal eine quietschende Stimme. „Danke, dass du mich nach all den Jahren mal wieder aus dem Schrank geholt hast."

Jack hatte Freddy seit seinem 7. Lebensjahr nicht mehr aus dem Schrank geholt. Das hatte auch einen Grund, denn Freddy war die erste Puppe, die Jack, zusammen mit seinem Vater, der ihm diese Kunst beigebracht hat, erschaffen hatte. Nur verstarb Jacks Vater vor acht Jahren, und seitdem hatte er Freddy nicht mehr angerührt, da er ihn immer an seinen Vater erinnerte.

Jack fuhr herum, um zu sehen, wo die Stimme herkam. Auf der Schaukel schaukelte eine kleine Puppe mit Anzug. „Früher hatten wir so viel Spaß zusammen, und jetzt lässt du mich in der Ecke verstauben." Nun bekam es Jack wirklich mit der Angst zu tun. Er rannte, er rannte weg von dieser fiesen Gestalt, die er erschaffen hatte. Er rannte nach Hause.

Ihm fiel nichts Besseres ein, als seinen Onkel anzurufen, um zu erfahren, was das für ein Herz war. Zu seinem Leid ging nur seine Cousine ans Telefon. Jack erzählte Isabell in aller Kürze, was passiert war. Sie merkte, dass er große Angst hatte, und versprach ihm, so schnell wie möglich zu kommen und ihm zu helfen. Eine Viertelstunde später stand sie vor Jacks Tür. „Lass uns Puppen fangen!", sagte sie, ohne zu wissen, was auf sie zukam.

Als die beiden den Marktplatz erreichten, hörte Jack wieder dieses Lachen, aber dieses Mal kam es nicht von Freddy, sondern von einer anderen Puppe. Auch sie hatte diesen Wahnsinn in den Augen, wie Jack es auch schon bei Freddy gesehen hatte. Während er überlegte, wie man die beiden Holzpuppen überwältigen könnte, rannte Isabell schon auf die Marionette los und riss ihr sämtliche Gliedmaßen aus, doch es passierte nichts. „Reiß ihr das Herz aus!", schrie Jack über den ganzen Platz. Isabell tat, was ihr gesagt wurde, und die Puppe sackte zu Boden. Aber bei dieser einen Puppe blieb es nicht; es wurden immer mehr. „Ich schaffe das nicht, es sind zu viele!", schrie Isabell, als sie innerhalb von Sekunden von Puppen begraben war. „Wir müssen Freddy finden. Er ist derjenige, der diese Puppen erschafft!", rief Jack und rannte instinktiv in Richtung Mühlenteich. Sein Instinkt täuschte ihn nicht. Am Mühlenteich, auf einer Bank, saß Freddy. Es schien schon fast so, als hätte er auf Jack gewartet. „Du willst also mein Herz haben, habe ich Recht? Du bekommst es aber nicht!", sagte Freddy und sprang Jack blitzartig auf die Schulter.

Jack versteinerte vor Angst, doch er wusste, dass Isabell jede Sekunde hinter ihm auftauchen würde. Während er darauf hoffte, machte Freddy sich über das erbärmliche Leben von Jack lustig. Als Jack langsam wieder die Augen öffnete, lief ihm eine Träne über die Wange. Er hörte, wie Freddy ihn als Weichei beschimpfte und wieder anfing laut zu lachen. Doch dieses grausame Lachen verstummte mit einem Mal, und der leblose Holzkörper fiel von

Jacks Schultern in den Mühlenteich. Freddy war besiegt. Jack drehte sich langsam um, um zu sehen, wer diesen Spuk beendet hatte. Hinter ihm stand Isabell mit einem kleinen schwarzen, pochenden Herzen in der Hand. Voller Freude und Dankbarkeit umarmte er seine Cousine so stürmisch, dass sie das Herz fallenließ.

Die beiden schauten sich noch einmal um, und Freddys lebloser Körper war wie durch Geisterhand verschwunden. Zufrieden und siegessicher gingen sie nach Hause.

Doch das kleine schwarze Herz, das sie haben liegenlassen, pocht noch immer. Es wartet auf einen neuen Körper. Vielleicht auf einem Flohmarkt in deiner Nähe?

Wo ist Frieda?

von Christel Parusel

An einem Laternenmast auf dem Donnerstag-Wochenmarkt vor der Drostei sehe ich ein Plakat, auf dem ein Foto mit einem Frettchen hinter einem Maschengitter zu erkennen ist. Darüber steht: „Frettchen entlaufen." Und unter dem Foto: „Wo ist FRIEDA?" In der Nacht von Samstag, den 12.9.2015, zu Sonntag, den 13.9.2015, ist eines unserer Frettchen entlaufen. Bereich Hermanstraße/Ottostraße – Hochbrücke." Im ersten Moment denke ich: „Ach, wie niedlich! Frettchen Frieda …" Aber schnell begreife ich, es ist überhaupt nicht niedlich. Es ist ein Hilferuf! Wie konnte so etwas geschehen? „Vom Bereich Ottostraße/ Hermanstraße bis zur Drostei zu gelangen, ist für ein Frettchen eine gefährliche Strecke", geht es mir durch den Kopf. „Frieda wird nicht über die verkehrsreiche Straße geflitzt sein", tröste ich mich. „Und wenn doch?"
Wenn ich mir schon Sorgen mache, wie mag es dem Verfasser des Plakates gehen? Oder ist es eine Frau, die daheim um das Leben ihres Lieblings bangt? Oder sind es 5-jährige Zwillinge, die letzte Woche jeder ein Frettchen, nämlich Frieda und Friederike, zum Geburtstag geschenkt bekommen haben? Wahrscheinlich sind sie sich sicher, dass Frieda bis hierher durchkommen würde. Weshalb wurde sonst ausgerechnet hier die Suchanzeige gestartet? Kann aber auch sein, dass es noch andere Bekanntmachungen an unterschiedlichen Orten in

der Umgebung gibt, an denen ich nicht vorbei-
komme.

In Richtung Prisdorf vielleicht.

Ich versuche meine Gedanken zu ordnen. Eigentlich sind Frettchen, wenn sie als Heimtiere gehalten werden, zutraulich und anhänglich, und wenn
sie viel Platz haben, geht es ihnen gut. Fühlte sich
Frettchen Frieda eingeengt? Oder hat sie in ihrer
großen Voliere mit Kletterbaum beim Herumtoben
ein kleines Loch entdeckt und ist neugierig hin-
durchgeschlüpft? Dass es sich bei der Öffnung um
den Spalt der nicht geschlossenen Käfigtür handelt,
kann sie unmöglich einschätzen. Nun irrt sie draußen herum. Mit der Nahrungsaufnahme wird sie
Schwierigkeiten haben. Sie ist an ihr gutes Tro-
ckenfutter gewöhnt, das überwiegend aus tierischen
Proteinen besteht und mit wenigen pflanzlichen
Extrakten ergänzt wird. Ihre Verwandten, die im
Freien leben, sind Fleischfresser, jagen sich ihr Futter: Mäuse, Vogelküken und Ratten. Aber Frieda
fehlt die Fähigkeit, Beute zu jagen. Ich vermute, ihr
Jagdinstinkt ist verkümmert. Sie wird ihre Freiheit
nicht ausleben können, oder doch?

Ausleben.

Ihr Leben ist aus …

Je mehr ich darüber nachdenke, umso bedrückter
wird meine Stimmung.

„Wo ist FRIEDA?", in roten Buchstaben geschrieben. Diese Signalfarbe verwandelt für mich den an-
fänglich vermuteten Hilferuf in einen Hilfeschrei.

Wieso haben sie nicht nur geschrieben:

„Wo ist eines unserer Frettchen?"

Nein, sie haben es namentlich genannt. Haben sie
es bewusst gemacht, um eine „persönliche Bezie-

hung" zwischen dem Leser und dem Tier aufzu-
bauen? Um Mitgefühl zu erwecken, das zum Suchen anregen soll? Bei mir ist es ihnen gelungen.
Soll ich jetzt den Namen rufend durch den Drosteipark laufen?
Wenn Frieda ihren Namen hört, würde sie dann zu
mir kommen?
Und wenn ich sie gefangen hätte, wo würde ich sie
hinbringen?
Was wäre denn eine Frettchenfinder-Abgabesta-
tion?
Die Polizei, das Fundbüro, ein Tierheim?

Oder soll ich die Personen befragen, die sich regelmäßig auf den Parkbänken etwas abseits des Haupt-
weges im Drosteipark aufhalten?

„'tschuldigung, haben Sie Frettchen Frieda gesehen?"
„Nö, nur weiße Mäuse", würden sie antworten, weil
sie meine Frage nicht ernst nehmen würden. Ich
fühle mich ratlos.
Was machen die Personen, die das Frettchen entde-
cken, ohne das Plakat gesehen zu haben? „Ach,
schau mal, ein Frettchen. Wusste gar nicht, dass die
hier im Freien leben!", höre ich sie sagen. Sie stau-
nen und gehen verwundert weiter.

Die Grünanlagen unter der Hochbrücke sind eine
beliebte Spazierstrecke für Hunde und ihre Halter.
Vielleicht gefällt sie Frieda auch, denn hier gibt es
hohe Bäume zum Klettern und Gebüsch zum Verstecken. Eventuell trollt sie hier herum, springt und
rutscht ab und – landet direkt auf den Pfoten der

großen Dogge, die bis dahin ruhig neben ihrem Frauchen auf der Parkbank verharrte. Die Hundehalterin taucht in meinen Vorstellungen auf. Sie hatte Mühe, ihren Vierbeiner zurückzuhalten, der durch seine Neugier auf dies fremde Tier ungeahnte Kräfte entwickelt ...

Meine Fantasie macht sich selbstständig.

Ich merke, dass ich wütend werde:

„Wieso haben Sie Ihre Frieda nicht mit einem Halsband ausgestattet?"

Friedas Finder würde, wenn er sie eingefangen hätte, die Halsband-Telefonnummer wählen, und alles Weitere würde ein zufriedenes Ende nehmen.

Ja, wäre, würde, wenn und aber ...

Werde ich je erfahren, ob das Plakat seinen Sinn erfüllt hat und Frettchen Frieda zurück in ihrem heimischen Käfig ist???

Die Otterbandjees in Elmshorn

von Johanna Ponellis

Mein Name ist Jessica. Ich wohne mit meiner Mutter, meinem Vater und meinem kleinen Bruder Ben in einem kleinen Haus in Elmshorn in der Nähe der Krückau. Eigentlich geht es uns sehr gut. Neuerdings besitzen wir eine Altdeutsche Schäferhündin namens Cookie. Dank meiner Mutter ist sie wirklich gut erzogen und gehorcht auf jedes noch so kleine Wort. Ich gehe oft mit ihr in unserem Garten oder im Wald spazieren. Manchmal gehen wir dann auch am Deich entlang oder in den Rosengarten. Wir sind eine ganz normale Familie, wie man sie kennt. Ich und Ben gehen beide zur Erich-Kästner-Gemeinschaftsschule. Ben in die fünfte und ich in die sechste Klasse. Auch sonst gibt es in unserer Freizeit nichts Besonderes. Bis jetzt jedenfalls …
Seit etwa zwei Wochen herrscht bei mir Chaos pur! Das meine ich wortwörtlich! Denn es haben sich bei mir drei kleine Wesen eingenistet. Die Otterbandjees. Diese kleinen Dinger haben es faustdick hinter den Ohren und mögen nichts lieber, als anderen Streiche zu spielen. Sie werden aber nie erwischt, weil sich ihre Hautfarbe wie bei einem Chamäleon der Umgebung anpassen kann. Sie sind gerade mal so groß wie ein Kinderarm und besitzen meist grüne oder braune Haare, große Fledermausohren und kleine, blitzende Augen. Ihre dünnen Beinchen tragen sie so flink von Ort zu Ort, dass sie sich immer schnell verstecken können, wenn sie ihre Streiche spielen. Manche Menschen haben sie noch nie zu

Gesicht bekommen. Mit ihren ebenfalls dünnen Ärmchen können sie mit einer ungeahnten Kraft und Schnelligkeit kletternd vorankommen.

Jedenfalls ist mein langweiliges Schulmädchenleben mit einem Schlag vorbei, seit diese drei Chaoten bei mir leben. Denn schafft es mal, drei Otterbandjees davor zu bewahren, von einer Mutter, einem Vater, einem neugierigen Hund und einem kleinen Bruder entdeckt zu werden!

Aber ich denke, ich sollte erst einmal erzählen, wie alles dazu kann. Also werfen wir mal einen Blick zurück auf den Montagmorgen vor zwei Wochen …

Mein Morgen begann ziemlich schlecht. Nicht nur, weil es Montag war und ich da sowieso nie Bock habe aufzustehen, sondern auch wegen ein paar anderen Dingen. Erst fand ich meine Socken nicht, dann fehlten meine Hausaufgaben, die ich gestern doch noch ordentlich abgeschrie … ähhmm, ich meine, gemacht hatte. Als ich sie schließlich in meinem Bücherregal fand – wie auch immer sie da hingekommen waren – war ich schon viel zu spät dran, um noch etwas zu essen. Ich polterte die Treppe hinunter und lief in die Küche. Beinahe hätte ich mit meinem Fuß auch noch die Vase meiner Mutter umgestoßen, doch ich stoppte rechtzeitig. Moment … hatte da gerade jemand gelacht? Egal, ich musste zur Schule! Also rannte ich aus dem Haus und fuhr, so schnell ich konnte, mit dem Rad zur Schule.

Völlig außer Atem kam ich an der Ansgarkirche an. Normalerweise traf ich mich hier mit meiner besten Freundin, um den Schulweg mit ihr zusammen zu fahren, doch sie war nirgendwo zu sehen. Ein Blick auf meinen Armbanduhr verriet mir auch, wieso: Es war fünf vor acht! In fünf Minuten klingelte es zur

Stunde! Ich musste kräftig in die Pedale treten, ehe ich mit quietschenden Reifen am Fahrradständer unserer Schule hielt. „Mensch, Jess!", wurde ich von meiner besten Freundin Mira begrüßt. Sie kannte es schon von mir, dass ich immer knapp auf die Minute kam. Ich hielt einen Finger hoch, damit sie wartete, und sah auf mein Handy. „Drei Minuten und sechsunddreißig Sekunden. Neuer Rekord!", stellte ich zufrieden fest. Mira verdrehte nur genervt die Augen. „Irgendwann kommst du nochmal richtig zu spät!", sagte sie und nahm meine Sporttasche aus dem Fahrradkorb.

Ein weiterer Grund, warum ich den Montagmorgen hasste: Sport in der ersten Stunde. Und dann auch noch Fußball! Ich stöhnte innerlich. Mein Erst-Hass-Ballspiel! Zum Glück musste ich nicht viel machen, denn kurze Zeit später bat mich meine Lehrerin kurz, etwas wegzubringen. Ich nahm mir ihren Schlüssel und ging hoch in die Umkleide.

Als ich die Tür aufschloss, hörte ich zweistimmiges Gelächter. Ich wunderte mich. Wer ist denn jetzt noch in der Umkleide? Es sind doch alle im Unterricht? Leise betrat ich den Raum. Er sah wirklich schwer verwüstet aus, fast so, als wäre ein Tornado hindurchgefegt. Das Gelächter wurde lauter. Es schien zweistimmig, doch menschlich klang es nicht. Mir flog eine Socke ins Gesicht und rutschte zu Boden. Doch ich konnte mich nicht bewegen. Was ich sah, war für mich unbegreiflich!

Zwei kleine, grünbraune Wesen mit großen fledermausähnlichen Ohren tobten durch die Umkleide, schwangen von Kleiderhaken zu Kleiderhaken und lachten ausgelassen, während sie die Wände, Waschbecken und Fußböden mit Kleidungsstücken tapezierten. „Speedy, der ist für dich!", rief eines der Wesen und pfefferte dem zweiten mit Schwung eine schwarze zusammengeknüllte Leggins ins Gesicht. Vor Schreck kippte Speedy um und landete in einem Turnbeutel. Das Wesen brüllte vor Lachen und hielt sich den Bauch, und auch ich konnte ein Prusten nicht unterdrücken. Plötzlich wurde es still.

Das Wesen, das eben noch gelacht hatte, sah mich mit großen Augen an. Speedy kam ebenfalls aus dem Beutel gekrochen und blickte zu mir hoch. Mit lautem Gekreische landete plötzlich ein drittes dieser Wesen zwischen den beiden anderen und warf mit Socken nur so um sich.

„Da! Da! Und da! Haha, Speedy! Jetzt kriegst du ordentlich …" Speedy nahm das Kinn des dritten und hob es, sodass es mir ebenfalls in die Augen sehen konnte. Ihm blieb der Mund offen stehen.

„Kannst … Kannst du uns sehen?", fragte das erste Wesen vorsichtig. Ich war unfähig zu sprechen und nickte nur. „Ein Mensch! Ein Mensch, der uns sehen kann!", jubelte das dritte. Flink kletterte es an meiner Sporthose hoch und hangelte sich hoch zu meiner Schulter. Dort begann es, mein Gesicht und meinen Kopf zu inspizieren. „Bist du schon ausgewachsen? Wie heißen diese Glitzersteine an deinem Ohr? Und was ist das für eine blaue Ranke in deinem Haar? Und … ahhhhhh!", schrie es plötzlich, als es meine blaue Haarspange entdeckt hatte „Was ist das für ein wunderschönes Funkelding?!", wollte es begeistert wissen. „Ich … äh ... das Funkelding nennt man Haarspange, und die brauche ich, damit mir mein Pony nicht ins Gesicht fällt", versuchte ich zu erklären. „Du hast ein Pony? Wo? Darf ich darauf reiten?", fragte das Wesen begeistert und hopste auf meinem Arm auf und ab.

Etwas überfordert sah ich zu den beiden anderen Wesen. Sie hatten sich nicht bewegt und betrachteten mich eingehend. „Was seid ihr?", fragte ich verwundert. „Wir? Wir sind Otterbandjees", verkündete Speedy stolz. „Wir sind unter vielen Namen bekannt", fügte der Erste hinzu. „Vielleicht kannst du mit Klabautermännern mehr anfangen ..." Ich erinnerte mich. „Das sind doch Wesen, die früher gerne den Seeleuten Streiche gespielt haben, oder?", fragte ich. „Genau. Nur dass wir nicht mehr auf Seeleute aus sind", sagte Speedy. „Die Menschen an Land können auch echt lustig sein!", kicherte der Erste wieder. „Aber wer seid ihr denn jetzt? Und was macht ihr hier?", fragte ich weiter. „Also ich bin Twinkle und bin die Jüngste!", krähte mir die Otterbandjee auf meiner Schulter ins Ohr. „Mein Name ist Loren, und ich bin der Zwillingsbruder von Speedy", erklärte der Ältere etwas ruhiger. „Gut, und was tut ihr hier?", wollte ich nochmal wissen.

„Ähhhmm ... wonach sieht es denn für dich aus?", fragte Loren und deutete überflüssigerweise im Kreis umher in die chaotische Umkleide. „Okay, das erklärt es zumindest für mich ...", murmelte ich.

Plötzlich näherten sich Stimmen. Ist die Sportstunde etwa schon vorbei? Hektisch sah ich umher zu Speedy, der gutgelaunt in einer Hängematte aus zusammengeknoteten Hosen schaukelte, Loren, der interessiert an einem Schuh schnüffelte, und Twinkle, die inzwischen einen kleinen Handspiegel gefunden hatte und damit spielte. „Oh Mann, es sieht hier aus wie Sau!", flüsterte ich und fasste mir an die Stirn. „Ich weiß. Cool, oder?", grinste Speedy begeistert und schaukelte weiter.

„Ihr versteht das nicht! Wenn die anderen kommen und das hier so aussieht, werden die wer weiß was denken! Vor allem sollten sie euch nicht sehen!", sagte ich und versuchte Hosen und Shirts vom Boden aufzusammeln. „Oh … du meinst, du bekommst dann Ärger?", fragte Loren betroffen. Ich nickte hastig, während ich die Schuhe zurück unter die Bänke stopfte. „Es sei denn, alles hier sieht wieder genauso aus wie vorher!" Ich sah zur Tür. Die Stimmen waren genau davor. Die Klinke wurde hinuntergedrückt. „Na, wenn es weiter nichts ist …", hörte ich noch Speedy murmeln. Ich schloss die Augen. Hinter mir ertönte ein leises „Wusch!", und vor mir öffnete sich die Tür.

„Jessica? Jess, alles in Ordnung?", fragte die Stimme Mira. Ich linste vorsichtig durch die Wimpern. Zweifelsohne stand Mira vor mir und betrachtete mich mit unsicherem Blick. „Frau Dewinski fragt sich, wo du bleibst, und hat mich gebeten, dich zu holen", sagte sie. „Ist alles O.K.?" Ich wunderte mich. Warum schreit sie nicht im Angesicht dieses Chaos? Ich drehte mich um, doch … alles war sauber! So sauber, wie wir es vor der Sportstunde hinterlassen hatten. Keine Spur von Loren, Speedy, Twinkle oder sonst irgendwelchen Otterbandjees. „Na komm, wir müssen wieder nach unten", sagte Mira und zog mich am Arm mit sich. Ich ging ihr hinterher, jedoch nicht ohne noch einmal einen Blick zurückzuwerfen.

Während der Mathestunde hatte ich den Vorfall mit den Otterbandjees immer noch vor Augen. Hatte ich etwa alles nur geträumt? Nee, das glaubte ich nicht! Während ich mir Aufgaben über Brüche in mein Heft schrieb, spürte ich plötzlich, wie sich etwas an meinem Bein bewegte. Dann hörte ich auch die leise, piepsige Stimme von Twinkle aus meiner Sporttasche: „Sind wir in einer … wie nennen die das? Schule?" „Ja, aber jetzt sei leise!", antwortete Loren. Hastig sah ich mich um. Da ich in der letzten Reihe saß, bekam es niemand mit. Alle schauten gebannt nach vorne. Ich hörte, wie sich der Reißverschluss meiner Tasche öffnete. Im nächsten Moment hockte Speedy auf meinem Schoß und schielte auf mein Matheheft. „Was ist das?", fragte er interessiert. „Mathe, aber das geht euch nichts an! Versteckt euch lieber, bevor der Lehrer euch sieht", zischte ich leise. Mit Herrn Mollof, unserem Mathelehrer, war nicht gut Kirschen essen! Ausgerechnet jetzt kam er zu mir herüber. „Nun, Jessica? Gibt es einen Grund zu reden? Oder hast du diesmal alles begriffen?", fragte er grummelnd. „Ich hab alles verstanden, danke", murmelte ich und wartete, bis er wieder zur Tafel ging.

Aber was war das? Als er nach dem Schwamm griff, huschte dieser davon. Herr Mollof war verwirrt und griff nochmal danach, doch auch dieses Mal hüpfte der Schwamm von ihm weg. Inzwischen war auch der Klasse die komische Jagd von unserem Mathelehrer aufgefallen. Als Erstes kicherten nur ein paar, dann wurde es immer lauter, bis alle lauthals lachten.

Herr Mollof richtete sich auf. „Ruhe!", bellte er durch den Raum, jedoch flog ihm in genau diesem Moment der Schwamm mitten ins Gesicht. Die gesamte Klasse konnte nicht mehr ernst bleiben und hing vor Lachen über den Tischen. Der Schwamm tanzte hingegen munter über das Lehrerpult, vollführte Sprünge und Saltos, um den Händen unseres Mathelehrers auszuweichen. Ich sah auf meinen Schoß. Dort hockte Loren und dirigierte den Schwamm mit ausgestreckten Armen. „Was machst du?", fragte ich kichernd. Er grinste. „Wir sind Otterbandjees, junges Fräulein, so etwas gehört zu unserem Fachgebiet." Mit einem lauten „Platsch!" landete der Schwamm im dreckigen Wischwasser, und Loren verzog sich zurück in die Sporttasche. Wie von Geisterhand verschloss sich der Reißverschluss. Glücklicherweise klingelte es zum Stundenschluss, und wir durften einpacken und nachhause gehen.

Zu Hause angekommen ging ich direkt hoch in mein Zimmer und öffnete die Tasche. „Ohhhh!! Eine herrliche Grotte!", schwärmte Twinkle. „Sag das mal meiner Mutter, die möchte schon die ganze Zeit, dass ich aufräume!", entgegnete ich. „Tu das auf keinen Fall! Wir Otterbandjees lieben Unordnung", sagte Speedy und krabbelte aus der Sporttasche. Ein wildes Juchzen lenkte mich ab. Es kam von Twinkle, die lachend und jauchzend auf meinem Bett herumhüpfte. „Loren! Speedy! Das. Ist. Der. Wahnsinn!", rief die kleine Otterbandjee und landete lachend in einem Stapel Wäsche. „Lass mich auch mal!", rief Speedy und sprang nun ebenfalls auf meinem Bett herum. Twinkle hatte unterdessen schon wieder etwas Neues gefunden. Meinen Kleiderschrank, den sie nun ausräumte. Ich seufzte. Zusammen mit Otterbandjees unter einem Dach zu leben, würde ganz schön anstrengend werden …

Das besondere Motiv

von Matthias Pump

„Helgoland!", rief Rainer so laut, dass das Gespräch am Stammtisch schlagartig zum Erliegen kam. Er hatte die ungeteilte Aufmerksamkeit der drei Frauen und der beiden Männer aus seiner Fotogruppe.
„Ich habe mir gedacht, wir suchen uns für dieses Frühjahr mal etwas Exklusiveres! Immer nur Hafencity oder Altstadt ist auf Dauer langweilig. Helgoland ist klasse zum Fotografieren!"
Fragende Gesichter blickten den Mann mit den zu einem Pferdeschwanz gebundenen grauen Haaren und der vollkommen aus der Mode gekommenen runden Nickelbrille stumm an.
„Wie kommen wir dahin?", fragte Gesine mit ihrer dünnen Stimme.
Sie traute sich nicht, den Kopf zu heben, saß fast ängstlich neben ihrer Mutter und hielt ihr halbvolles Wasserglas mit beiden Händen fest umklammert.
Noch ehe der Mann mit den glänzenden blonden Haaren und den eisblauen Augen den Mund aufgemacht hatte, wusste Gesine, dass sie besser geschwiegen hätte.
„Mit der Fähre, Dummerchen!", polterte der schöne Horst und strich sich über die frisch gegelten Haare. Er gluckste kopfschüttelnd in sich hinein. „Das weiß doch jedes Kind!"
Gabi, die ihm direkt gegenübersaß, warf ihm einen bösen Blick zu. Horst schnalzte mit der Zunge und grinste Gabi lüstern an.

178

Mutter Schulz tätschelte die Hand ihrer Tochter und flüsterte ihr etwas ins Ohr, worauf diese zu kichern begann.

„Hör auf, so krank zu lachen, Kindchen!"

„Horst!", ermahnte Rainer. „Ihr wolltet, dass ich mir was Neues überlege. Was meint ihr?"

„Was kann man da denn so fotografieren? Mir fällt nur die Lange Anna ein."

„Weiß du, Gabi, es gibt 'ne ganze Menge Motive auf Helgoland. Zum Beispiel den Strand, den Leuchtturm oder die alte Bunkeranlage."

„In so einem Bunker ist es doch dunkel?", kam es von Gesine.

„Da hat jemand Schiss!", kicherte Horst, kippte den Rest des Bieres mit einem tiefen Schluck herunter, wischte den am Kinn herablaufenden Schaum mit dem Handrücken ab und ließ das Glas mit einem kräftigen Rums auf den Holztisch herabfahren.

„Kinder sollten besser zu Hause bleiben."

„Horst!", rief Rainer nun etwas eindringlicher. „Lass uns sachlich bleiben!"

Rainer fasste an seine Nickelbrille und rückte sie gerade.

„Ich bin sicher, ihr werdet da ein paar ganz fantastische Bilder machen."

Gesine schaute verschämt zur Seite

„Ich habe in der letzten Ausgabe von ‚Reisen & Meer' gelesen, dass die Dünenlandschaft einzigartig sein soll", warf der picklige Walter ein und nippte an seiner Apfelschorle. Er schaute verstohlen zu Gesine.

„Oh, Landschaft ist nicht so mein Ding!", meinte Gesine traurig und fiel in sich zusammen.

„Nichts ist dein Ding, Dummerchen!"

„Horst, es reicht jetzt wirklich!", zischte Rainer und warf ihm einen wütenden Blick zu.

„Aber ich habe eine Idee, wie wir den Aufenthalt interessant gestalten können."

Er blickte in fragende Gesichter. Horst nippte gelangweilt an seinem Bier und beugte sich etwas über den Tisch, so dass er Gabi direkt in den Ausschnitt schauen konnte. Die blonde Lehrerin schnappte seinen Blick auf und erschrak. Horst grinste und hob provozierend die Augenbrauen. Er sah Gabi direkt in die Augen.

„Ein Wettbewerb!", platzte es aus Rainer heraus.

„Wir veranstalten einen Wettbewerb, wie auf Usedom. Jeder Tag hat ein Thema und einen Tagessieger."

„Und der Gewinn?"

„Weiß ich noch nicht, Horst! Wieso?"

„Ein Abo deiner Fotozeitschrift habe ich schon. Ich brauch nicht noch eines."

Mutter Schulz, die bis jetzt ganz ruhig gewesen war, begann zu schnauben.

„Wer sagt, dass Sie gewinnen werden, junger Mann? Hier sind noch ein paar andere sehr gute Fotografen am Tisch!"

Horst schaute die resolute ältere Dame erstaunt an.

„Und wo haben die sich versteckt? In deiner Handtasche, Edith?"

„Horst!", rief Rainer.

„Ach komm", begann Horst und schnippte nach der Kellnerin, „ich gewinn doch immer! Du kannst mir den Preis auch hier geben, und wir sparen uns das Geld für die Reise."

Auf Rainers Mund zeichnete sich ein zaghaftes Lächeln ab.

„Dieses Mal wird es spannend werden, Horst. Jeder bekommt seine Chance auf den Tagessieg. Es wird für euch alle zu einem einmaligen Erlebnis! Als besondere Herausforderung bekommt der Fotograf mit den meisten Tagessiegen einen super Preis. Wir haben einen Sponsor!"

Die anderen sahen Rainer fragend an. Natürlich würde Horst wieder alles gewinnen. Nicht unbedingt, weil er der beste Fotograf war, sondern weil er mit unfairen Mitteln kämpfte und sich nicht zu schade war, zu schummeln.

„Wir können die Sache aber auch fallenlassen, wenn ihr lieber hier bleiben wollt!"

Rainer schaute erwartungsvoll in die Runde.

Die Sache wurde nicht fallengelassen. Ein paar Wochen später fanden sich alle auf dem Katamaran nach Helgoland ein. Horst, Gesine und ihre Mutter Edith, Walter, Gabi und Rainer, der Berufsfotograf und Dozent an der Volkshochschule. Das Wetter war gut, die Sonne fing langsam an zu brennen und den langsam näher kommenden Sommer anzukündigen. Die Seeluft war frisch und würzig.

Die Überfahrt von Hamburg war unruhig gewesen, doch alle hatten die Fahrt gut vertragen. Lediglich Horst war etwas bleich im Gesicht, als die Gruppe den Katamaran verließ und mitsamt ihrem Gepäck den Weg zur Jugendherberge einschlug. Doch nach einem tiefen Schluck aus seinem mitgebrachten Flachmann war er wieder fit.

Nachdem Rainer das erste Tagesmotto ausgegeben hatte, zog die Gruppe los und machte sich auf die Suche nach Linien und Strukturen. Rainer ließ sich in einen Liegestuhl fallen, warf eine Decke über die Beine und genoss die Frühlingsluft.

Walter kniete am Boden und fixierte die Hummerbuden in der Ferne. Gesine und ihre Mutter standen direkt vor einer der Buden, doch er wählte den Ausschnitt so, dass sie nicht erfasst würden. Das hier konnte sein Tagessieg werden. Vor Aufregung begannen seine Hände zu zittern. Er überprüfte nochmals Blende und Belichtungszeit, dann senkte er den Kopf und schaute durch die Kamera. Der perfekte Augenblick. Vorsichtig senkte sich der zittrige Zeigefinger auf den kleinen schwarzen Taster.
„Hey Walter, Rainer sucht dich!"
Der schlaksige Mann schreckte zusammen und fuhr so hastig herum, dass ihm die Kamera beinahe aus der Hand und in den Sand gefallen wäre.
„Jetzt? Das Licht ..."
Horst hob die Schultern.
„Was weiß ich, was er will", entgegnete Horst mit Unschuldsmiene und kratzte sich ahnungslos am Kopf. „Vielleicht was Wichtiges?"
Walter runzelte die Stirn. Er packte stumm sein Equipment zusammen und machte sich auf den Weg zur Jugendherberge. Rainer war vollkommen verwundert, Walter zu sehen, und beteuerte, dass er nichts von ihm wollte. Als Walter zu seiner Position zurückkehrte, war das Licht längst nicht mehr so gut wie vorhin, und es tummelten sich zu viele Touristen vor den Buden. So trottete Walter mit hängenden Schultern zur Jugendherberge zurück.
Bei der Besprechung am Abend gewann Horst mit seiner Interpretation der Strukturen der Hummer-

buden. Als Rainer im Gemeinschaftsraum den Sieger verkündete, zitterte Walters rechte Hand, er lief puterrot an, die Pusteln im Gesicht drohten zu platzen; er wäre am liebsten zu Horst hingerannt und hätte ihm das Stativ über den Kopf geschlagen. Doch Walter blieb sitzen und murmelte leise vor sich hin. Gesine drehte sich herum und sah die traurigen, blutunterlaufenen Augen.

Das Thema des nächsten Tages waren Basstölpel. Rainer hatte die Gruppe zu einem Platz am Lummenfelsen gebracht, an dem hunderte dieser Vögel brüteten. Mutter Edith und Tochter Gesine hatten sich hinter einem hohen Stein in Position gebracht. Sie beobachteten eine Gruppe von Tölpeln, die ruhig auf den Steinen saßen und ihr Gefieder putzten. Urplötzlich hörten sie hinter sich ein Klicken und anschließend ein lautes Klatschen, wodurch die Tölpel aufgeschreckt wurden und das schöne Motiv vorbei war. Horst kam lachend hinter einem verknöcherten Baumstumpf hervor, grinste die beiden Frauen an und zeigte ihnen eine lange Nase. Feixend zog er davon. Gesine begann zu weinen, und Mutter Schulz' Augen verfinsterten sich. Horst hatte wieder den Tagessieg.

Der nächste Morgen verhieß trübes Wetter. Rainer beschloss, mit der Gruppe in den alten Bunker zu gehen. Gesine war etwas mulmig zumute. Der leicht modrige Geruch war sehr unangenehm, doch Horsts Aftershave war schlimmer. Alle achteten darauf, genügend Abstand zu Horst zu halten, der direkt hinter Rainer durch die schummrigen Gänge schlenderte. Hinter ihm kam Walter, dann Gesine mit ihrer Mutter und schließlich Gabi. Immer wieder blieb die Gruppe stehen und machte Fotos.

„Gabi, du hast doch auch 'ne Nikon?"

Gabi war gerade damit beschäftigt, ein Foto von einem alten Wählscheibentelefon mit graugrüner Patina zu machen, als sie Horsts extrem süßlichen Geruch hinter sich bemerkte. Seine Stimme klang freundlich.

„Ja, wieso?"

„Kannst du mir mal kurz dein Makro leihen? Ich habe meines im Zimmer vergessen."

„Aber ich will hier grad ein Foto machen."

„Nur kurz, du kriegst es gleich wieder."

Gabi zögerte, ertappte sich aber dabei, dass sie wieder nachgab und das Objektiv vom Körper der Kamera abschraubte. Sie reichte es Horst, der es sogleich auf seine Kamera schraubte und dann ein paar Fotos machte. Anschließend gab er es Gabi zurück. Aus seiner Hand rieselte unauffällig etwas Erde zu Boden.

Gabi schoss ihr Foto, doch beim Blick auf den Monitor schrie sie auf.

„Was ist das denn? Das Objektiv ist ja ganz dreckig!"

„Also bei mir ist alles in Ordnung!", sagte Horst und schaute sich das Bild auf seinem Monitor an. Ein leichtes Grinsen umspielte seine Lippen.

„Das tut mir aber leid."

Gabi machte noch ein paar Fotos, doch auf allen waren dreckige Schlieren zu sehen. Irgendetwas war auf die Linse geraten.

„Mann, Horst, was hast du gemacht?"

„Wieso ich? Es ist dein Objektiv!"

„Aber du hast es in der Hand gehabt!"

„Willst du behaupten, ich hätte dein Objektiv versaut?"

Mittlerweile waren die anderen Teilnehmer dazugekommen.

„Was ist los?", fragte Rainer.

„Da ist Dreck auf meinem Objektiv! Horst hatte es eben noch, ich hab es ihm sauber gegeben!"

Horst begann schwer zu atmen, wurde puterrot im Gesicht und fasste sich theatralisch an die linke Brust.

„Du behauptest, ich hätte dein Objektiv versaut? Das ist echt billig, Gabi. Sowas von einer Lehrerin! Das hab ich nicht nötig!"

Gabi schaute auf Rainer, der achselzuckend und hilflos im Eingang des Raumes stand, hinter ihm die anderen. Sie alle fühlten mit ihr, aber keiner konnte helfen. Weinend packte sie ihre Tasche und rannte an den anderen vorbei.

Rainer hatte Horst bei der letzten Verkündung des Tagessiegers mit einem verlegenen Lächeln die Flasche Glenfiddich überreicht und ihm zu seiner Leistung der letzten Tage gratuliert.

„Morgen ist der letzte Tag auf Helgoland. Ich möchte von euch ein besonderes Motiv sehen! Das beste Bild bekommt den Sonderpreis unseres Sponsors."

Horst grinste siegessicher.

Der nächste Morgen war neblig und kühl. Die Nacht davor war kalt gewesen, und es hatte geregnet. Nun hingen die Nebelschwaden über der Insel und verhinderten den Blick auf das Meer. Gabi war früh auf den Beinen. Sie hatte keine Lust auf Frühstück. Gestern Abend war sie der Bildbesprechung ferngeblieben und hatte ihre Kamera gereinigt.

Horst lag im Sand, sein aufgeblähter Bauch schaute wie ein Mahnmal gen Himmel, und eine Möwe hatte sich darauf gesetzt. Der Hinterkopf ruhte in einer Sandkuhle. Die Flasche Glenfiddich lag umgedreht im Sand. Gabi spürte nichts bei dem Anblick, nichts außer Neugier für das Motiv.
Sie ging in die Hocke. Ein ganz interessantes Motiv. Im Hintergrund der Leuchtturm und im Vordergrund der dicke Bauch sowie die grässlichen grünroten Strümpfe. Die anderen waren weit entfernt. Gabi richtete die Kamera auf das Motiv. Vielleicht würde sie später die Polizei rufen, vielleicht.

Luise stand in der Küche an der Spüle und wusch ab, als es an der Tür klingelte. Sie atmete tief durch, ging zur Tür und öffnete den beiden Polizisten. Der Jüngere teilte ihr mit, dass ihr Mann Horst verstorben war. Nach ersten Erkenntnissen hatte er einen Herzanfall erlitten.
Als die beiden Polizisten wieder gegangen waren, kehrte Luise in die Küche zurück, öffnete den obersten Küchenschrank und nahm ein Likörglas heraus. Damit begab sie sich ins Wohnzimmer, holte den guten Pflaumenlikör aus dem Sideboard und goss sich einen Doppelten ein. Sie kippte ihn in einem Rutsch hinunter. Dann ging sie in den kleinen Kräutergarten, riss die letzten Stängel vom Eisenhut aus der Erde und warf sie in die Biotonne neben der Küchentür. Mit einem Lächeln auf den Lippen kehrte sie ins Haus zurück und betrachtete die Fla-

sche Likör. Sie las die Widmung am Flaschenhals:
Auf unsere gemeinsame Zukunft, dein Rainer. Mit
Flasche und Glas in der Hand ging sie fröhlich pfei-
fend die Treppe hinauf.

Alles kein Zufall

von Christiane Röder

Ein dichter Nebelschleier lag über dem See und den angrenzenden Wiesen. Nach schlingerndem Kurs, die Schlaglöcher umkurvend, parkte ich auf dem großen Platz gleich neben der Badestelle.
Der Zeitungsartikel beschäftigte mich noch immer. Die brutale Vergewaltigung hatte abends stattgefunden. Da waren hier gewiss keine Jogger und keine Spaziergänger mehr unterwegs gewesen, auf die ich jetzt so sehr hoffte. Nur die Frau mit ihrem Hund. Und die drei Männer natürlich.
Mir lief eine Gänsehaut über den Rücken. Ich starrte auf das Wasser und die in Nebel gehüllten Bäume und Büsche ringsum. Wie friedlich alles aussah.
Ich atmete tief ein und öffnete energisch die Autotür.
Von so einer gemeinen Tat wollte ich mich nicht einschüchtern lassen. Mich frei bewegen und den See nicht aus Angst meiden. Das war meine heutige Mutprobe. Zugegeben, die Pinneberger Innenstadt erschien gerade jetzt reizvoller denn je.
Ich schaute mich um. Drei weitere Autos standen auf dem Parkplatz. Weshalb ausgerechnet drei?
Gonzo fiepte unruhig hinten im Auto. Ich ließ ihn raus und folgte ihm an den See.
Vergeblich versuchte sich das Sonnenlicht durch den Nebelteppich zu zwängen. Der See lag vor mir in bleischweres Licht getaucht. Drei Blesshühner schwammen gemächlich an der Badestelle vorbei.

Am linken Uferrand konnte ich die schemenhafte Silhouette eines großen grauen Vogels ausmachen. Vermutlich ein Reiher. Keine Menschenseele weit und breit. Nun, das war gewiss nicht ungewöhnlich morgens um neun hier am See. Ich machte mir Mut. Die drei parkenden Autos gehörten bestimmt Joggern oder Hundebesitzern, die ihre Runden um den Wollny-See drehten oder an der Pinnau entlangliefen. Sie waren also irgendwo. Hoffentlich.

Mein Herz schlug schneller. Gonzo trabte vor mir schnüffelnd durch die Böschung, als sei es ein Tag wie jeder andere. Hund müsste man sein.

Als ich stehen blieb, blickte er sich um: Warum kommst du nicht? Ist doch alles prima hier.

Ich atmete tief ein und versuchte, mich zu entspannen. Klappte nicht. Vielleicht hatte die Frau einen ganz kleinen Hund dabeigehabt, der ihr nicht helfen konnte. Gonzo war ein dreißig Kilo schwerer Labrador, der würde es ihnen schon zeigen.

Setzte ich womöglich waghalsig meine Gesundheit aufs Spiel oder sogar mein Leben? Was wollte ich mir eigentlich mit dieser bescheuerten Mutprobe beweisen? Dass ich stärker war als drei ausgewachsene Männer, weil ich einen freundlich-distanzlos-verfressenen Labbi dabeihatte?

Nein, verdammt! Ich wollte meinem Verstand vertrauen, dass nämlich nicht oft so eine grausame Tat passierte. Was hieß denn eigentlich nicht so oft? Mist!

Ich stellte mir eine Denkaufgabe. Das hatte ich mal irgendwo gelesen: Wenn Sie sich ablenken wollen von belastenden Gedanken – rechnen Sie zum Beispiel knifflige Aufgaben, oder sagen Sie Länder und ihre Hauptstädte auf, oder ordnen Sie alle Hunderassen, die Sie kennen, von A bis Z.

Ich entschied mich für die Hunderassen. Eine Hunderasse mit A ... Mir fiel spontan keine ein. Als ich mich gerade selbst beschummeln und zu B übergehen wollte, blieb Gonzo stehen, hob den Kopf und starrte, mit aufmerksamen Ohren und erhobenem Schwanz, in den Nebel.

Ich rief ihn zu mir – bereit, mit ihm den Fluchtweg anzutreten. Widerwillig trabte er an, drehte sich um und stellte sich vor mich.

„Beschütz mich, Gonzo", flüsterte ich.

Aus dem Nebel, in majestätischem Schritt, kam etwas Vierbeiniges auf uns zu. Ein Pferd? Nein! Ein riesiger, wunderschöner Airdale Terrier näherte sich uns. Selbstbewusst und entspannt begrüßte er Gonzo, beschnupperte anschließend kurz meine Hand und trabte weiter. Ohne Zweifel – wir waren gerade dem Herrscher über den Wollny-See begegnet.

Hunderasse mit A – Airdale Terrier! Na klar! Geht doch!

Gonzo und ich setzten unseren Weg fort. Es kam uns kein Besitzer entgegen. Sollte der Airdale entlaufen sein? So ein großer Hund? Seltsam.

Meine Angst hatte sich etwas gelegt, und meine Gedanken gingen spazieren. Warum hieß der See eigentlich Wollny-See?

Gab es da nicht diese Groß-Familie im Fernsehen – die Wollnys? Nein, das war zu weit hergeholt. Die wohnten auch nicht im Kreis Pinneberg. Aber vielleicht hatte dieses Land mit dem See und den umliegenden Wiesen und Weiden früher einem Bauern namens Wollny gehört. Edgar Wollny vielleicht oder Friedrich Wollny?

Nun, da könnte ich als neu zugezogene Rellingerin wohl mal die einheimischen Pinneberger fragen.

Der Weg führte uns an die Pinnau. Nach dem vielen Regen in den letzten Tagen floss eine Menge Wasser Richtung Elbe. Gonzo nahm die Gelegenheit sofort wahr und sprang freudig hinein.

Mein Wasserhund.

„Na, der hat aber Spaß am Wasser!"

Ich erschrak. Die Angst schoss mir in die Glieder. Ich schaute in die Richtung, aus der die Stimme gekommen war, und sah auf der Bank einen alten Mann sitzen. Gemütlich zurückgelehnt zog er an seiner dicken Zigarre und blies den Rauch genussvoll in die ersten Sonnenstrahlen, die den Nebel endlich durchbrachen.

Gonzo kam neugierig aus dem Wasser, schüttelte sich kräftig, und dann, ja dann sprang dieser dreißig Kilo schwere Hund, ohne zu zögern, auf die Bank und küsste den alten Mann und leckte ihn am Ohr.

Das war der Beginn eines Begrüßungsrituals, dem ich noch oft beiwohnen durfte, denn wir trafen den alten Herrn danach noch sehr oft, und jedes Mal flippte mein Hund völlig aus vor Freude, und jedes Mal lachte der Alte und freute sich mit ihm.

Heute sagte er: „Ihr müsstet meinen Airdale getroffen haben", und zeigte mit der Zigarre zwischen den Fingern in Richtung See.

„Ach, der gehört zu Ihnen?"

„Ja, ich bin nicht mehr so gut zu Fuß, da dreht er schon gern mal allein ein, zwei Runden. Ich glaube, er denkt, der Wollny-See gehört ihm." Wir grinsten uns an. „Hauptsache, er wälzt sich nicht wieder in dem toten Fisch, den die Angler neulich vergessen hatten. Mann, hat der Hund gestunken! Auf dem Nachhauseweg musste ich mit offenem Fenster fahren – nicht auszuhalten. Meine Frau war begeistert ...“

Schmunzelnd zog er an seiner Zigarre.

Er war mir sofort sympathisch. Ich konnte Gonzo gut verstehen. Wenn ich den alten Herrn auch nicht küssen wollte, so war es doch sehr angenehm in seiner Gesellschaft. Er wirkte zufrieden und gelassen.

„Wissen Sie vielleicht, warum der See Wollny-See heißt?“

„Der heißt eigentlich gar nicht Wollny-See.“

„Ach ...“

„Der heißt eigentlich *See an den Funktürmen*, wegen der beiden Funktürme da hinten, aber alle nennen ihn Wollny-See. Stand ja so auch in der Zeitung, der Name. Wegen der Vergewaltigung neulich. Schreckliche Geschichte.“

Wir schauten beide betrübt und beobachteten Gonzo, der wieder ausgiebig badete, so, als wäre die Welt immer nur friedlich.

„Hund müsste man sein“, dachte ich laut, „dann wüsste man nichts von den schrecklichen Dingen, die auf der Welt passieren, ein Leben im Hier und Jetzt.“

„Ja, wir können uns eine Menge *abgucken* von den Vierbeinern“, schmunzelte er.

„Und warum nennen ihn denn nun alle Wollny-See?“

„Na ja, man erzählt, dass hier wohl mal einer im See ertrunken sei, der Wollny hieß.“ Und er fügte noch rasch hinzu: „Aber das ist schon ganz lange her.“

„Oh, danke, nicht noch so eine schreckliche Geschichte."

„Tja, Sie haben gefragt", er zwinkerte mit einem Auge und lächelte.

Da kam sein Airdale angetrabt, und der alte Herr griff in seine Jackentasche und holte eine Tüte heraus. Zwei große Hunde – der eine noch tropfnass – konnten eine Menge Leckerlis verdrücken ...

„So, nun müssen wir nach Hause", langsam erhob er sich von der Bank, „heute kommen meine süßen Enkelkinder, und wir wollen Bilder von unserer letzten Reise anschauen. Das dürfen wir nicht verpassen."

Schon mit dem Rücken zu uns, hob er den Arm, winkte zum Abschied und rief: „Morgen um neun sind wir wieder da."

Ich denke oft an diesen Tag, an dem ich meine Angst überwand und – weil der Zufall es so wollte – eine Freundschaft zu einem alten Mann begann, von dessen positiver Haltung zum Leben ich mir noch eine Menge *abguckte*.

Am Wollny-See und an der Pinnau, wo es die meiste Zeit so friedlich zugeht.

Unvergeten

von Maren Schütt

Dünnerdag 10. November 2005. Ovends mellt sik een junge Mudder bi de Polizei, dat se ehrn lütten Söhn vermisst. Se hett em bi halvig söven lang, antrocken as he weer, to'n Slopen leggt, wieldat he so mööd weer. Se is denn sülven toslopen. As se halvig ölven wook wörr, weer de lütt Klabautermann verswunnen. Narms to finnen. Un so beginnt de größt Söökakschoon in de Geschichte vun Elmshorn no den lütten 2-jöhrigen Tim. Een Heevschruver mit Wärmebildkamera kreist över de Stadt. Speziell utbildte Düker söökt in de Krückau no em un 80 Polizisten dörchkämmt Büscher un Strüker mang de Hüüs, ok all Goorns rundüm un befroogt de Anwohner. Sogor Liekenspöörhunnen kommt to'n Insatz. Doch de lütte Flaßkopp mit de strohlend blauen Ogen is nich to finnen, as vun Erdbodden versluckt. De Ermittlungen im familjären Umfeld, bi Tims Vadder un bi de Grootöllern bringt kene Hinwiese. Een Sonderkommision warrt gründt. Un denn, an 6. Dag no de Vermißtenmeldung översloogt sik de Ereignisse. Man find Tim. Doot in een Sportdasch. Knappe 200 Meter vun sien Öllernhuus entfernt. De Dasch gehört den Levensgefährten vun de Mudder un so brickt een groot Lögenhuus tosomen.

De Mudder hett Tim gor nich sülven slopen leggt. De Lütt weer, as al öfter, twee Doog bi den Levensgefährten in Pleeg. An den besagten Ovend slööp se op Sofa, de Levensgefährte weck ehr un sall seggt hebben dat he den Lütten so mit Tüüch ton Slopen hinleggt hett. Se hett em glöövt un is weller toslopen.

Worüm hett de Mudder falsche Angoben mookt? Güng doch üm ehr Kind. Weer se ehrn Levensgefährten hörig, harr se Bang vör em?

He harr een annere Vörstellung vun Erziehung. De Jung sull mit sien twee Johr al vernünftig eten, grood an Disch sitten, sik alleen antrecken un sülvststännig no Tante Meier gohn. Man dat kunn he noch nich un is dorför teemlich dull slogen, mishannelt worrn. Bi de Obdukschon sünd vele Hämatome un Verletzungen bi den Lütten faststellt worrn. Wosück düsse Drill? Wat hett em bewogen dat Kind so hart to bestrofen, so swore Verletzungen totofögen? Den Dood bi sien Hanneln in Koop to nehmen?

De Gerichtsmediziner hebbt sogor öllere Verletzungen faststellt, de Lütt mutt al öfter heftig quält worrn sien.

Vör Gericht hebbt sik Tims Mudder un ehr Levensgefährte gegensietig de Schuld in de Schoh schoven, richtig beharkt. Beide sünd den Lütten nich gerecht worrn. Hebbt sien Vertruun schändlich missbruukt.

Dogelang berichteten de Medien över den Fall. Tims truriges Schicksol hett vele Minschen beröhrt un blifft unvergeten.

Tödlicher Tee in der Haseldorfer Marsch

von Dagmar Seifert

Von sämtlichen Tagen des Jahres eignet sich dieser am jämmerlichsten für einen Ausflug: ein Donnerstag Mitte Januar, der dunkel anfängt, einige schwächliche Versuche macht, heller zu werden, und dann resigniert aufgibt. Neblig, nieselig, finster. Die Straßenlaternen in Elmshorn bleiben vorsichtshalber einfach an.

In der Schule ist es auch eklig. Frau Bötticher hat Grippe und eine Vertreterlehrerin möchte den Kindern unbedingt sofort beibringen, was Viertel sind und Drittel und Fünftel und solche Sachen. Sie wird ganz ungeduldig mit den Schülern, die sie im überheizten, grell beleuchteten Klassenzimmer begriffsstutzig anblinzeln.

Sandrine will gar nicht wissen, was Fünftel sind. Sie hat ganz andere Sorgen. Auf dem Heimweg steht sie übrigens Mia-Chantal bei, die von zwei Jungen verhauen wird. Dabei mag sie Mia-Chantal nicht besonders. Hinterher hat Sandrine eine Beule am Kopf, die Jungen hassen sie und Mia-Chantal ist ihr auch nicht dankbar.

Am frühen Nachmittag bringt eine Nachbarin Robin aus dem Kindergarten. Robin ist quengelig, weil er im Kinderzimmer ein bisschen aufräumen soll, während Sandrine Hausaufgaben macht, die Sache mit den Fünfteln und den Dritteln und so weiter.

Und dann klingelt es an der Tür: viermal kurz! Sandrine geht sehr erstaunt hin und öffnet.

Wirklich, da steht Papa. Wieso steht da Papa? Es ist Donnerstag. Er darf seine Kinder nur am Samstag sehen. Oder wenn er was anderes mit Mama abgemacht hat. Und das geht nicht so einfach, meistens streiten sie darum.

Papa lacht. Das sieht seltsam aus. Wie eine lachende Papa-Maske, aus der Papas richtige Augen ängstlich rausgucken. Wo seine Augen weiß sein sollten, sind sie ein bisschen rosa.

„Hallo, Drinchen!", sagt er. „Wir fahren an die frische Luft, an die Elbe oder so. Los, komm, zieh dich an und mach Robin fertig. Robin ist doch da? Ich hab heißen Tee mit …"

„Aber …?"

„Hab vorhin mit Mama telefoniert. Die ist einverstanden."

Das kann sich Sandrine nur schwer vorstellen. Papa hockt sich hin und umarmt sie. Er legt seine Wange an ihr Gesicht, und sie merkt, wie unrasiert er ist. Außerdem riecht er ganz leise nach altem, totem Alkohol. Er balanciert auf den Fußballen, dann kippt er um und reißt sie mit. Sandrine stößt sich den Kopf am Türrahmen, genau gegen ihre Beule. Sie muss trotzdem lachen, beide lachen, das hallt im Treppenhaus. Robin kommt aus dem Kinderzimmer geschossen und wirft sich obendrauf, kichernd und glucksend. Jetzt sind sie ein Knäuel, Papa und Sandrine kitzeln Robin, der vor Lachen kreischt.

„Wo ist Lucky?", fragt Papa natürlich.

Sandrine muss ihm erklären, dass Jochen eine Hundehaar-Allergie hat. Papa wird, wie erwartet, sehr wütend.

„Also ist er jetzt im Tierheim oder was?!", schreit er und haut mit der Faust auf Jochens Mantel, der an der Garderobe hängt.

„Nee – bei netten Leuten mit einem Bauernhof. Da hat er's gut …" wiederholt Sandrine, was Mama dauernd behauptet hat.

Sie zieht Robin warm an und sich selbst auch. Im Auto schüttelt Papa eine rote Thermoskanne, in der heißer Tee gluckert. „Den trinken wir bei unserem Ausflug."

Robin, im Kindersitz, entdeckt den alten silbernen Frisbee auf der Ablage. Mit dem haben sie letzten Sommer gespielt, nur Robin war zu klein und konnte noch nicht schnell laufen.

„Jetzt fahren wir in die Marsch und gehen vielleicht ein bisschen an der Elbe lang und genießen die Natur!", sagt Papa. „Seit ihr hier wohnt, habt ihr viel zu wenig frische Luft. Ihr seht immer alle ganz blass aus."

Er versucht, vergnügt zu klingen. Sandrine weiß, dass er nervös ist, wenn er sich dauernd über die Lippen leckt und mit den Fingernägeln schnipst.

Sie fahren ein Stückchen über die Autobahn und parken das Auto schließlich an einer einsamen Landstraße. Die Natur ist heute mürrisch. Sie will nicht, dass man in ihr herumläuft. Sie tropft eisig von Bäumen und lässt auf gefrorenen Pfützen ausrutschen. Überall liegt schmutziger Restschnee, hier viel mehr als in der Stadt, wo die Straßen geräumt worden sind.

Trotzdem. Frische Luft ist immer gut, auch kalte nasse. Robin schleppt den alten Frisbee, den wollte er nicht im Auto lassen.

Papa sagt, sie müssen die rote Thermoskanne mitnehmen, um unterwegs vielleicht den schönen heißen Tee zu trinken. „Jochen mag wohl keine Tiere?", fragt er. „Na, gut, dass Lucky im Tierheim ist. Besser als bei dem Kerl. Sicher war er gemein zu ihm?"

„Eigentlich war er gar nicht zu ihm. Und Lucky ist nicht im Tierheim. Der ist – an der frischen Luft ist der. Bei Leuten mit einem Bauernhof. Also keine Bauern. So Leute aus der Stadt, die jetzt auf dem Land leben. An der Ostsee, glaub ich."

Sie stapfen schweigend durch die Landschaft. Dann bleibt Robin stehen und heult.

„Was hat er denn?"

Sandrine umarmt ihren kleinen Bruder, putzt ihm die Nase und kann dolmetschen: „Er hat keine Lust mehr. Ihm ist kalt, und alles ist so dunkel, und er will nach Hause und Kakao."

„Blödsinn. Kakao! Dazu hab ich doch nicht den Tee für uns gekocht. Wir gehen noch ein bisschen. Und dann, vielleicht, wenn wir wieder im Auto sind, dann trinken wir alle drei zusammen den schönen heißen Tee …"

Papa schüttelt wieder die rote Kanne. Er fängt Sandrines Blick auf und guckt schnell weg. Sie ist erschrocken über sein Gesicht. Jetzt sieht es aus wie sein eigenes, aus dem fremde Augen gucken.

„Aber wenn wir den Tee trinken wollen, wenn wir wieder im Auto sind, warum nimmst du die Kanne denn jetzt mit?"

„Na ja, vielleicht finden wir unterwegs ein schönes Fleckchen für eine Rast … Mal sehen. Das weiß ich jetzt noch nicht. Wie läuft's in der Schule, Drinchen?"

Sie berichtet von Vierteln und Dritteln und Fünfteln.

„Sechstel nicht?"

„Heute noch nicht. Vielleicht morgen …"

„Morgen …", wiederholt Papa. Das klingt so traurig, dass Sandrine auch weinen möchte.

Robin schnieft immer noch und trödelt extra langsam hinterher.

Dann weint jemand anders. Nicht sehr weit weg, sehr schmerzlich.

Alle drei bleiben stehen und schauen sich an.

„Was ist das?!"

„Ein Tier. Vielleicht – am ehesten ein Hund. Warte mal – ja, da! Da drüben ist die Straße. Siehst du das Schwarze da am Straßenrand?"

Robin will hinlaufen, und Papa brüllt ihn an, er soll stehen bleiben. „Der kann krank sein – bleibt hier! Sandrine, pass auf, dass Robin nicht hinterher kommt …"

Papa geht zum Rand der Landstraße. Das Gewinsel wird lauter, eine schwarze Pfote zuckt hoch. Sandrine sieht, dass der Hund wegwill, aber nicht kann. Und dieser Mensch, der jetzt neben ihm kniet, macht ihm noch mehr Angst. Aber als Papa den dunklen Kopf streichelt, hört das Tier auf zu zappeln.

„Was ist mit ihm?", ruft sie.

„Angefahren. Ganz kaputt. Da ist nichts mehr zu machen. Kommt nicht näher, das müsst ihr nicht sehen! Komisch, dass er noch lebt …", ruft Papa zurück.

Der Hund winselt jetzt viel schlimmer. Es klingt furchtbar schmerzlich, als ob er erzählen will, wie schlecht es ihm geht. Nicht mit anzuhören. Robin heult noch lauter. Er versteckt sein Gesicht in

Sandrines Mantel, lässt den Frisbee fallen und hält sich beide Ohren zu. „Bitte, bitte, Drine, er soll aufhören!", verlangt Robin und trampelt mit beiden Füßen auf dem gefrorenen Feldweg.

„Kannst du ihm irgendwie helfen? Kannst du ihn vielleicht – totmachen?", ruft sie Papa zu. „Damit er sich nicht weiter so quält?"

Aber Papa hat Tiere so lieb. Besonders Hunde. Was soll er tun? Den armen Hund erwürgen? Ihm den Schädel einschlagen? Das kann er wohl nicht …

Sandrine weint jetzt ebenfalls, ganz leise. Sie zieht ihre Unterlippe tief in den Mund. Es ist unangenehm, bei Kälte draußen zu weinen. Und die Beule auf ihrem Kopf tut plötzlich auch wieder weh.

„Wirf mir mal den Frisbee zu … vorsichtig, dass du den Hund nicht triffst …", ruft Papa.

Das tut sie und beobachtet, wie er den silbernen Plastikteller zu sich heranangelt. Jetzt schraubt er die Thermosflasche auf und gießt aus ihr dampfenden Tee in den Frisbee wie in eine Schale. Papa greift mit der Hand in den körnigen alten Schnee neben sich und wirft etwas davon in den heißen Tee. Mit einem Finger rührt er um. Der Hund hört auf zu winseln. Sandrine kann von der Seite erkennen, wie das Tier schlabbert. Es scheint großen Durst zu haben.

Robin weint nur noch ganz leise. Sandrine wiegt sie beide hin und her und versucht zu singen, aber sie muss husten. Sie merkt, dass es schnell dunkler wird rundum. Der schwarze Hundekopf ist kaum mehr zu erkennen.

Nach einer Weile kommt Papa zurück. In einer Hand hält er die Thermoskanne, in der anderen den Frisbee. Er sieht ganz müde aus. Aber seine

Augen passen irgendwie wieder zu seinem Gesicht.

„Was ist mit dem armen Hund?", fragt Sandrine.

„Er ist tot. Ist eingeschlafen", antwortet Papa. „Ganz schnell. Ganz friedlich." Er dreht die rote Thermoskanne um und lässt einen kleinen Rest Tee auf den Boden fließen. Dann guckt er auf seine Uhr und fügt hinzu: „Wir müssen zurückfahren."

Robin, der sehr müde ist, wird im Kindersitz festgeschnallt. Plötzlich fängt es wieder an zu schneien. Feine Flocken wirbeln im Scheinwerferlicht.

Jetzt schneit es auf den toten Hund, denkt Sandrine. Sie reden nicht mehr, nicht auf der Autobahn und nicht im Feierabendverkehr in der Stadt. Robin ist eingeschlafen, und Papa und Sandrine sind still, bis sie vor dem Haus stehen, in dem die Kinder mit Mama und Jochen wohnen.

Mamas Auto steht vor der Tür mit einer dünnen Schicht Schnee, als ob jemand Puder draufgeschüttet hat.

Papa starrt es an und blinzelt immer wieder. Sicher tun ihm diese geröteten Augen weh.

„Eure Mutter wird schimpfen ... Eigentlich hab ich nämlich doch nicht mit ihr telefoniert", gibt er plötzlich zu. „Ich trage Robin eben rauf ... Dann wird sie schimpfen, denke ich."

Sandrine legt ihre Hand auf seine. Ihre Hand ist ziemlich genau ein Drittel so groß wie Papas Hand. „Ich steh dir bei", sagt sie. „Das war doch ein schöner Ausflug. Also jedenfalls frische Luft. Das mit dem Hund müssen wir ja nicht erzählen, das regt Mama nur auf. Ich finde, du hast sehr gut auf uns aufgepasst."

Anschließend muss sie so tun, als ob sie nicht merkt, dass Papa weint.

Die Liste

von Carolyn Srugies

Anuschkas derbe gelbe Gartenhandschuhe sind mir zu klein. Meine Hände sind nur dünne Chirurgenhandschuhe gewöhnt, mit denen sie feinste Operationen und präzise Nähte ausführen können. Nun knie ich hier im Vorgarten und pflanze die angelieferten Rosenbüsche. Anuschka ist weg. Seit einer Woche weiß ich, dass sie einen anderen, nein, zwei Liebhaber hat. Heftig stoße ich den Spaten in die Erde. Anuschka. Es war bei uns beiden Liebe auf den ersten Blick gewesen. Sie gefiel mir sofort, ich mag es, wenn Frauen sich pflegen und weiblich aussehen. Wir hatten uns bei Freunden kennengelernt, ganz altmodisch. Ihre Cousine und mein Kollege wollten heiraten und hatten auf die momentan üblichen Junggesellen-Abschiede verzichtet und einen Polterabend veranstaltet. Ich würde das auch so machen. Einen schönen Polterabend mit Freunden, Verwandten und Bekannten, die Braut gut in Sichtweite und kein sinnloses betrunkenes Umherziehen mit Besuchen in irgendwelchen dubiosen Striplokalen. Da kommt eine Frau nur auf dumme Gedanken.
Leider war sie nicht bereit, sofort zu mir zu ziehen. Bloß nichts überstürzen, meinte sie. Die ersten kleinen Kabbeleien hatten wir wegen unserer Vorstellungen von Freizeitgestaltungen. Sie war nicht bereit, auf Abende mit ihren Freundinnen und der Familie zu verzichten oder sie einzuschränken.

Die Lösung war einfach. Hinter ihrem Rücken bewarb ich mich mit Erfolg an einer der Regio-Kliniken im Kreis Pinneberg. Anuschka erzählte ich, dass ich mich bereits vor unserem Kennenlernen um die Stelle als Chirurg bemüht hatte.

Anuschka lebte sich in Pinneberg schneller ein, als ich zu hoffen gewagt hatte. Der Hauptgewinn waren jedoch unsere Nachbarn Jan und Evelyn, ein Paar mit einem Kleinkind. Die Freundschaft zwischen Evelyn und Anuschka betrachtete ich durchaus positiv. Evelyn war in Elternzeit von irgendeinem Beamtenjob und froh über Anuschkas Gesellschaft. Beide waren viel im Umkreis unterwegs, Evelyn zeigte ihr die Gegend. Abends schwärmte Anuschka mir von der neuen Umgebung vor. Sie war nur ungeduldig, weil es für sie nicht schnell genug mit einer Arbeitsstelle klappte. Was mich wiederum froh machte. Sie hatte es als Frau eines Chirurgen nicht nötig zu arbeiten, und ich war zufrieden, dass der Haushalt abends in Schuss war. Ihre Freundin Evelyn konnte sie nachmittags besuchen, und wir hatten abends Zeit für uns. Bei meinen unregelmäßigen Arbeitszeiten und Wochenenddiensten war es wohl auch nicht zu viel verlangt, wenn sie sich nach mir richtete. Es lief gut, bis sie anfing, sich ein wenig zu langweilen. Sie schwärmte mir von der kleinen Charlotte vor, wie süß sie war und dass sie sich ein eigenes Kind gut vorstellen könnte. Ein Kind? Bestimmt nicht. Wir waren viel zu jung, ich knapp 40, und Anuschka hatte sicher noch zehn gute Jahre vor sich. Ich brauche meinen Schlaf und kann keine nächtlichen Ruhestörungen brauchen. Ein Kind verdirbt die Beziehung, alles dreht sich nur um das Balg. Es würde Anuschkas gesamte Aufmerksamkeit auf sich ziehen und mich in den Hintergrund rücken. Ich bin kein Mann für die zweite Reihe. Ich tröstete sie halbherzig damit, dass noch immer Zeit für Nachwuchs sei und sie sicher bald eine Arbeitsstelle finden würde. Einige Wochen herrschte wieder Ruhe. Sie erkundete mit ihrem Auto weiterhin das nähere und weitere Umfeld bis zur Nord- und Ostsee. Abends erzählte sie mir von Spaziergängen auf Deichen, in Gärten, Klöstern und Parks. Meistens hörte ich nicht richtig zu und ließ sie reden.

Jan war ebenfalls froh, dass wir zugezogen waren. Ich konnte ihn verstehen, für meinen Geschmack ließ er Evelyn an der zu langen Leine. Als wir vor ein paar Wochen zusammen gegrillt hatten, meinte er: „Zum Glück seid ihr hergezogen. Vorher war Evelyn immer ein wenig unzufrieden. Natürlich liebt sie die Kleine und mich, aber ihr fehlte jemand, mit dem sie tagsüber sprechen kann. Sie fühlte sich immer ans Haus gekettet. Seitdem sie tagsüber oft mit Anuschka zusammen ist, klagt sie weniger."

Ich sah hinunter auf die kleine Charlotte, die mich zahnlos anlächelte. Unwillkürlich lächelte ich zurück. Vielleicht war die Idee mit dem Kind doch nicht so schlecht. Anuschka und das Kind würden dann die meiste Zeit im Haus verbringen.

Die Rosen, ich nehme an, dass es Rosen sind, stecken in Plastiktöpfen. Pflanzt man die mit ein? Ich könnte mir die bunten Schildchen durchlesen, die an den Stämmen befestigt sind, aber ich will die Arbeit hinter mich bringen. Ich entschließe mich dazu, die Plastiktöpfe von den Wurzeln zu zerren, stecke die Pflanzen in die Erdlöcher und buddle sie ein.

Meine Gedanken schweifen wieder zu den gemeinsamen glücklichen Tagen, bevor sie mich betrogen hatte. Mit Benny Lopez. Oder Toby Heyden.

Benny Lopez, der Name hört sich nicht nach einer holsteinischen Herkunft an. Während ich wütend den Boden um den Busch festtrete, habe ich Visionen, wie sich meine zarte Anuschka lustvoll mit einem Bodybuilder mit Erbsenhirn und attraktiver dunkler Haut in der weißen Bettwäsche eines Hotels wälzt.

Toby Tristram Heyden. Was ist das bitte für ein Name? Vor meinem inneren Auge sehe ich einen Spießer, einen Langweiler mit gestreiftem Hemd und Fliege.

Ich wische mir die Erde von meinen beschmutzten Jeans und bemerke Evelyn, die mit der Kinderkarre auf meiner Auffahrt steht.

„Wo ist Anuschka? Ich habe sie seit Tagen nicht gesehen, und an ihr Handy geht sie nicht." Besorgt sieht sie mich an, während sie die Karre vor- und zurückschiebt. Falsche Schlange! Als wüsste sie nichts von dem Langweiler Toby und dem Erbsenhirn Benny. Wahrscheinlich haben sie es zu viert getrieben bei ihren angeblichen Ausflügen in die schleswig-holsteinische Natur.

Ich greife wieder zum Spaten. „Sie hat mich verlassen. Sie hat einen anderen." Zwei andere füge ich in Gedanken hinzu.

„Anuschka? Nie im Leben! Wann hätte sie bitte einen anderen kennen lernen sollen? Sie war doch immer mit mir oder dir zusammen?"

„Also im meiner Gegenwart hat sie bestimmt keinen anderen kennen gelernt." Wütend ramme ich die nächste Pflanze ins Loch.

„Was soll das denn heißen, Tom? Ich bin mir sicher, dass sie keinen anderen hat. Das hätte ich gemerkt. Und sie hätte es mir erzählt. Ich bin ihre Freundin. Und warum ist ihr Handy tot?"

Weil ich es zertreten habe. Aber das braucht die Schlampe Evelyn nicht zu wissen.

„Tom." Sie fasst mich am Arm. „Das stimmt nicht. Anuschka liebt dich." Sie sieht mich mit einem flehenden Blick an. Wenn ich es nicht besser wüsste, würde ich ihr die Show abnehmen.

„Sicher wird sie sich bald wieder bei dir melden. Aus ihrem neuen Glück in Plön."

„Plön? Wieso denn Plön?"

Ich stütze mich auf den Spaten. „Sag du es mir. Wart ihr neulich nicht am Plöner See?"

„Ja, aber wen soll sie kennen gelernt haben?" Ratlos sieht sie mich an und schüttelt den Kopf. „Tom, du bildest dir da was ein. Du bist immer viel zu eifersüchtig. Sagt Anuschka auch."

Wohl eher zu wenig. Obwohl ich die Kontakte und Anruflisten auf ihrem Handy regelmäßig durchsah, war mir nie etwas Verdächtiges aufgefallen.

„Hat Anuschka ein zweites Handy?"

Evelyn sieht mich verwirrt an. „Wozu braucht sie ein zweites Handy?"

Wegen der zu kurzen Handschuhe verletze ich mich an nächsten Rosenstrauch. Fluchend reiße ich den Handschuh ab und lutsche das Blut vom Handgelenk.

„Scheiß Dorn."

„Rosen haben Stacheln, keine Dornen."

„Daher das Sprichwort ‚Keine Rose ohne Stacheln'", sage ich ironisch.

Evelyn schweigt. Ihr Blick wird misstrauisch. „Hast du sie als vermisst gemeldet?"

„Hörst du nicht zu? Sie hat einen neuen Lover oder zwei. Ich weiß sogar, wie sie heißen! Ich habe einen Zettel mit den Namen und den Treffpunkten gefunden. Anuschka und ich haben gestritten. Dann hat sie ihre Sachen gepackt und ist gegangen."

„Was für einen Zettel?"

„Eine Liste mit Namen ihrer Stecher und Treffpunkte. Sogar ich stehe da mit drauf."

Evelyn schüttelt den Kopf. „Tom, das passt nicht zu ihr. Außerdem hat sie sich so gefreut, sie hat für nächste Woche zwei Vorstellungsgespräche."

„Wieso weiß ich nichts davon?"

„Das kann ich dir nicht sagen. Sie hat die Zusagen am letzten Dienstag bekommen."

Dienstag. Der Tag, an dem ich den Zettel mit der Liste gefunden und Anuschka verloren hatte. Ich presse den letzten Busch in die Erde. Ein paar orangegelbe Blütenblätter schweben zu Boden. Evelyn sieht nachdenklich zu.

„Ich würde gern diese Liste sehen."

„Wozu? Aber bitte, gern, damit du mir glaubst." Ich zerre den Zettel aus der Gesäßtasche. Man sieht ihm an, wie oft ich ihn gefaltet und glatt gestrichen habe. Evelyn liest laut. Mein Magen dreht sich bei jedem Namen um.

Anuschka!!!

Tom Tom

Benny Lopez

Herzblättchen

Plöner Prinzenhaus

teatime

Toby Tristram Heyden
~~Savoy Hotel~~

„Da hast du es! Das Rendezvous mit Toby Heyden im Savoy Hotel ist wohl gestrichen worden. Daher glaube ich, dass sie sich mit ihrem Herzblättchen Benny Lopez in Plön vergnügt."
Die kleine Charlotte erwacht und beginnt zu weinen. Evelyn dreht wortlos den Buggy um und geht. Die Liste behält sie in der Hand.
Ich denke an den Moment zurück, an dem ich nach Dienstagabend nach Hause kam. Anuschka war beim Sport, wie mir ein Zettel in der Küche mitteilte. Ihre Handtasche hatte sie vergessen. Ich nutzte die Gelegenheit und überprüfte sie. Im Seitenfach befand sich die Liste. Glühende Hitze breitete sich in mir aus, sie stieg brennend von meinem Herzen in mein Hirn.
Wortlos und mit einer schallenden Ohrfeige empfing ich Anuschka noch im Windfang. Befriedigt sah ich, wie ihre Haare von der Wucht umherflogen. Ich hielt ihr die Liste unter die Nase. „Na, wer hat es dir besorgt? Dein Latin Lover Lopez oder Toby Tristram?"
Anuschka weinte und wich zurück. „Bist du verrückt geworden, Tom?" Dann sah sie mich an. „Du hast mich geschlagen. Du machst alles kaputt mit deiner grundlosen Eifersucht und deinem Kontrollwahn."
Ich ging einen Schritt auf sie zu, sie wich diesmal nicht zurück. Ihr Gesichtsausdruck zeigte kein schlechtes Gewissen, nur Wut. Nach ein paar weiteren Ohrfeigen ging sie zu Boden, ihr Kopf schlug

auf die Treppe. Sie blieb still, kein Protest, keine Abwehr. Ich trat wütend auf sie ein, hörte erst auf, als ich Blut durch ihre Haare auf die Treppe sickern sah. Ich blickte auf die regungslose Anuschka und sah sofort, dass sie tot war. Das hatte ich nicht gewollt, aber es war nicht meine Schuld. Warum hatte sie mich betrogen.

Der Kreis Pinneberg ist waldreich. Es war keine schöne Aufgabe, die in Plastik gehüllte Anuschka im Wald so tief genug einzugraben, damit nicht der nächste Fuchs oder Spaziergänger sie wieder ausgrub. Anuschkas zertretenes Handy warf ich in einen Mülleimer, einige ihrer Klamotten in ihrer Reisetasche in einen Altkleidercontainer. Bevor ich todmüde ins Bett fiel und den Schlaf eines gerechten Mannes schlief, schrubbte ich noch den Flur.

Ich gieße mir einen schönen leichten Chardonnay ein. Es klingelt an der Tür. Zwei uniformierte Beamte stehen vor der Tür, Evelyn erkenne ich zunächst ohne die Kinderkarre nicht.

„Ich will mit dir reden. Du hast Anuschka umgebracht, oder?"

Ich schnappe nach Luft. „Wie bitte? Was willst du hier? Raus!"

Evelyn schüttelt den Kopf und zeigt mir einen Ausweis. „Ich bin in Elternzeit, aber immer noch bei der Kripo."

„Weißt du eigentlich, mit wem du sprichst, Frau Wachtmeister?"

Evelyn entfaltet die Liste. Geht ein leises Lächeln über ihre Lippen?

„Du weißt doch, wie oft Anuschka und ich spazieren gingen?"

„Was soll diese Fragen? Anuschka hat mich verlassen. Entweder für diesen Lopez oder den Heyden. Die solltest du finden und befragen. Sie wird wieder auftauchen."

Sie legt die Liste auf den Schuhschrank, dreht sie zu mir und tippt nacheinander auf verschiedene Einträge.

„,Anuschka': Floribunda lachsrosa, leicht duftend. Das ist die, die dich gestochen hat. ,Plöner Prinzenhaus'", sie sieht kurz hoch, „das ist eine Beetrose cremigweiß und leicht duftend." Ihr Finger wandert weiter. „,Benny Lopez': stark duftende Damaszenerrose in einem wunderbaren starken Pinkton. Die orangegelbe ,teatime' hat Anuschka besonders gefallen, es war übrigens die letzte, die du so lieblos eingepflanzt hast. Du hättest mehr mit Anuschka unternehmen oder uns zu einigen Spaziergängen begleiten sollen. Zum Beispiel in das Rosarium nach Uetersen. Anuschka war von den Rosen und den fantasievollen Namen begeistert. Neulich waren wir bei einigen Rosenzüchtern, dort hat sie bestellt."

„Rosen?" Mir entgleitet das Weinglas, es zerschellt an der Stelle, an der Anuschka starb. „Das sind alles Rosen? Nur Rosen?"

Meine Anuschka – tot – wegen eines Rosenbeets?

As noch de Döschdamper kööm ...

von Heinz Starken

Mit de Oorn geiht dat hüütodaags snell över de Bühn. Dor sühst du ton August blots noch mol'n överbreden Meihdöscher, för de uns Straten gor nich tosneden sünd un de di as Autofohrer snell mol up de Brems pedden lött. Dat Ungetüm verswinnt denn aver mehrstens all bald wedder in een Hecklock, wo de nächst Slag mit riepen Roggen oder Weten töövt. Dat utdöscht Koorn bringt denn een Kipper gliek na de Möhl, wo de hogen Silos sik dormit vullsuugt.

Dat lööt sik för föfftig Johren noch ganz anners an. Meihen un Döschen legen wied ut'neen. Eerst müss mit de Lee eenmol rundrüm „anmeiht" warrn, dormit Platz weer för de Peer, de den Aflegger, de Flügelmaschien oder wenn't hochkööm all den Sülvstbinner trecken mössen. Dat upbunnen Garben wörrn denn erstmol to Hocken tosamenstellt. Wenn de dörchdröögt weern un dat Wedder mitmöök, wörr „inföhrt", dat heet de Garben wöörn upstaakt un ünnern strammbunnen Widdelboom mit de vullen Wagens in de Schünen bröcht.

Erst to Harvsttiet tröck denn de Döschdamper – de öllsten wörrn noch mit Damp andreven – vun Hoff to Hoff. För uns Jungs weer dat jümmers een Spektakel, wenn de Lanz-Bulldog den Riesen-Döschkasten in een Schüün bugseer. Wenn de breed Drievremen denn upleggt weer, kööm dat ganz Gedriev in Gang un veel Hannen kregen wat to doon. Twee bet dree Mann hören ton de Döschkolonn. Dorto helpen de Buern sik gegensiedig ut, dormit all Postens besett warrn kunnen. De Inlegger ganz baven kreeg de kopplastigen Garben tostaakt. Dat utdöscht Stroh kööm as groot Klappen vörn ut de Press. De wörrn estmol ton Diemen upstapelt, bet wedder Platz in de Schüün weer. Achtern lööpt dat Koorn in de anklinkt Säck, de denn up de Nack wegschafft wörrn. Un dat allens speel sik in een fien Stoffwulk af, de mit den lopen Sweet de Gesichter mit de Tiet swatt – un de Tung döstig möökt. Aver för good Eten un Drinken sorgen de Buerfroons – de wulln sik nix naseggen laten. Noch hüüt heet dat nämlich, wenn eener bi Disch good tolangt: „He eet as'n Schüündöscher".

Mein liebster Weg

von Gerda Stelling

Vorbei am Vorwerk Marktstraße neben dem Burgkino führt ein Fuß- und Radweg in die Innenstadt, die Kastanienallee in Uetersen. Auf beiden Seiten säumen knorrige Kastanienbäume den Weg. Rechts führt ein Graben an den Klosterwiesen entlang, und links gibt es Sitzbänke und einen Blick in die Gärten der Häuser Marktstraße/Großer Wulfhagen.

Wenn eine alte Kastanie umzustürzen droht und gefällt werden muss, weil sich ihre Krone zu weit zur Grabenböschung neigt, wird dort ein neuer Baum gepflanzt. Die Kastanienallee ist als Kulturdenkmal eingestuft.

Es ist Frühling. Das erste Grün zeigt sich, und die Sonne glitzert auf den Tautropfen im Gras. Die Bänke sind noch feucht. Ich nutze diesen Weg gern, nur gedämpft dringt der Verkehrslärm herüber. Mein Blick schweift über die Klosterwiesen hinüber zum Schloss Düneck. Auf dem Rückweg gehe ich noch am Burggraben entlang Richtung Klosterkirche, die 1748/49 erbaut wurde. Sie zählt zu den schönsten Barockkirchen Norddeutschlands. Vor dem Haus der Priorin zeigt die Krokuswiese ihre ganze Farbenpracht.

Längst haben die Kastanien ihre Blätter entfaltet, und um die rosa Blüten schwirren Insekten. Die Bänke sind getrocknet und laden zum Verweilen ein. Einkaufstaschen werden abgeladen und Verschnaufpausen eingelegt. Die ersten Pärchen turteln, aber auch Einzelpersonen mit und ohne Bierdose halten inne. Die hohen Bäume bieten Schatten und schlucken den Lärm der Stadt. Man kann frei atmen, und die warme Luft flirrt über den Wiesen. Nachdem die Insekten ihr Werk vollendet haben, fallen die Blütenblätter. Es schneit geradezu, und ein rosa Teppich polstert den Weg oder bleibt in meinen Haaren hängen. Ich fühle mich wie ein Blumenkind.

Allmählich sind die kleinen stachligen Kastanienfrüchte gewachsen. Der Baum schüttelt überflüssige Früchte ab, sonst wird die Last zu schwer im Herbst. Wenn es geregnet hat, bilden sich Pfützen auf dem Weg. Aber selbst die matschigen Schuhe können mich nicht davon abhalten, hier entlangzugehen. Es weht ein frischer Wind, und die Bänke werden leerer.

Ich warte schon sehnsüchtig auf die ersten reifen Kastanien. Kleine müssen es sein, weil ich sie nämlich trockne und in jede Jackentasche eine hineinstecke. Selbst in meinem Einkaufskorb liegt eine. Diese Kastanien begleiten mich durchs Jahr bis zum nächsten Herbst. Jetzt bevölkert sich der Weg. Groß und Klein rücken mit Plastiktüten und Eimern an, um die braunen Früchte zu sammeln. Sie werden zum Basteln gebraucht, dienen zur Dekoration in herbstlichen Gestecken oder werden bei Rosen-Tantau für den Wildpark Eekholt verkauft.
Herbststürme setzen ein. Sie pflücken auch noch die letzten Kastanien und säubern den Baum von altem

Holz, die ersten Blätter fallen. Wieder bildet sich ein Teppich auf dem Weg, diesmal in Gelb und Braun. Ich ziehe den Jackenkragen hoch, die Bänke laden nicht mehr zum Verweilen ein. Jetzt brauche ich erst mal eine heiße Schokolade im Klostercafé bei Frau Liebe. Durchgewärmt mache ich mich auf den Heimweg. Im Vorbeigehen werfe ich noch einen Blick auf den Klosterfriedhof, der von einer von Efeu umrankten Mauer umgeben ist. Hier wurde 1993 der Vater des jetzigen Klosterprobstes beigesetzt. Ein Hauch von Melancholie und Vergänglichkeit weht von den alten Grabsteinen herüber.

Der Winter hält Einzug. Der Frost macht den sonst aufgeweichten Weg steinhart. Raureif liegt auf den Klosterwiesen und Sitzbänken. Kein Vieh ist mehr auf den Weiden, kein Blatt mehr am Baum. Die Wintersonne dringt durch den Morgennebel, und ihre Strahlen begleiten mich durch die kahlen Bäume auf meinem Weg in die Stadt.

Interkultureller Austausch

von Rüdiger Stüwe

Es war tatsächlich noch ein Parkplatz frei. Gott sei Dank, dachte Wendt. Er hatte keine Lust, im Parkhaus gegenüber zu parken. Hoffentlich war die Post nun auch offen. Ihm fiel der Artikel ein, der kürzlich im Pinneberger Tageblatt gestanden hatte. Immer wenn jemand Briefmarken holen oder zur Postbank wollte, war die Post mal wieder dicht. Man könne sich nicht mehr auf die normalen Öffnungszeiten verlassen. Worauf kann man sich überhaupt noch verlassen?, sinnierte Wendt, stellte den Wagen ab und ging in Richtung Postgebäude. Heute schien sein Glückstag zu sein: Es kamen Leute aus der Post heraus.

Am Eingang nahm er seine Mütze ab und klemmte sie unter den linken Arm. In der rechten Hand hielt er sein Päckchen. Er überflog die Reihe vor sich: Rund ein Dutzend Leute, das könnte eine halbe Stunde dauern. Vielleicht auch nicht, es gab ja noch vier andere Schalter da vorne.

Als er sich einreihen wollte, nahm er eine dunkel gekleidete Frau mit Kopftuch wahr. Türkin mutmaßte er. Sie stand seitlich dicht hinter der Schlange, in einer Haltung und einem Abstand, dass er unsicher war, ob sie anstand oder auf etwas Bestimmtes wartete. Er trat neben sie und sah sie fragend an. Sie schüttelte lächelnd ihren Kopf, wies mit dem Arm in Richtung eines unbesetzten Post-

217

schalters auf der rechten Seite und sagte: „Nein, Transfer." Er ging an ihr vorbei und reihte sich ein. Kurz darauf wurde die Frau aufgerufen und schritt schnell zu dem nun besetzten Schalter auf der rechten Seite.

Da wandte sich ein etwas untersetzter Mann mit blauer Schirmmütze direkt vor ihm ruckartig um, streifte ihn mit einem Blick und sagte ärgerlich: „Da sieht man wieder, die Ausländer, einfach vordrängen."
Wendt klärte den Ärgerlichen auf. Die Frau habe gewartet und sei aufgerufen worden. „Es ist ein Vorurteil gegen Ausländer, was Sie da gerade gesagt haben. Meistens sind es Deutsche, die sich vordrängen. Ich habe das jedenfalls schon mehr als einmal erlebt." Er sagte das zwar schnell, war dabei zu seiner eigenen Überraschung aber ruhig geblieben. Der Mann vor ihm beharrte auf seiner Meinung: „Das war doch Vordrängen. Warum hat sie sich denn nicht so angestellt wie wir?"
„Wahrscheinlich macht sie eine Überweisung ins Ausland", entgegnete Wendt. Halb besänftigt nuschelte der andere unzufrieden vor sich hin.

In diesem Augenblick schob sich von hinten ein schlanker Mann mittleren Alters an Wendt heran und fuhr über dessen Schulter hinweg in aggressivem Ton den Meckerer vor ihm an: „Die Ausländer sind schon in Ordnung. Leute Ihrer Sorte sind die eigentlich Schlimmen."
Der Mann mit der blauen Mütze, nun schon eingeschüchtert, drehte sich zu seinem neuen Gegner um

und sagte halblaut: „Mischen Sie sich hier nicht ein."

Doch der Ausländerfreund, der nun schon neben Wendt stand und das Zurückweichen seines selbsternannten Gegners spürte, setzte nach: „Pegida lässt grüßen. Da gehören auch Sie hin. Das sind die eigentlichen Feinde der Demokratie, die in Deutschland nichts zu suchen haben." Immer aggressiver rückte er dem kleinlaut Gewordenen vor ihm näher.

Er hatte sich so in Rage geredet, dass Wendt seine Haltung als Bedrohung empfand. Das Gesicht gerötet, mit vorgeschobenem Unterkiefer, die Augen starr auf den Rücken seines Gegners geheftet, stand er nun ganz dicht hinter diesem. Der Attackierte schien Wendt irgendwie kleiner geworden zu sein und eine geduckte Haltung angenommen zu haben.

Wendt befürchtete eine körperliche Auseinandersetzung, in die auch er hineingezogen werden könnte. Er legte seinen Zeigefinger über die Lippen und bedeutete dem außer sich Geratenen mehrere Male, sich zu mäßigen. Gleichzeitig heuchelte er ihm gegenüber durch einen spöttischen, auf den Angegriffenen bezogenen Gesichtsausdruck sein Einverständnis mit dem Gesagten. Inzwischen war die Schlange der Wartenden weit nach vorne gerückt, und die Situation entspannte sich, weil zunächst der Blaubemützte und dann Wendt an verschiedenen Schaltern abgefertigt und so dem Zugriff ihres Hintermannes entzogen wurden.

Beim Hinausgehen sah Wendt zu seiner Überraschung, dass die Ausländerin mit dem Kopftuch vorm Ausgang der Post stand. Er stellte sich vor sie hin, zog bedauernd die Schultern hoch und sagte: „Das von vorhin tut mir sehr leid, aber es gibt eben solche unbelehrbaren Leute hier."

Die Frau sah ihn ruhig an, lächelte leicht und antwortete ihm: „Entschuldigen Sie bitte, dass Sie und die anderen Herren sich wegen mir so aufregen mussten. Das wollte ich wirklich nicht. Nächstes Mal stelle ich mich auch in die Reihe." Ihre Worte machten Wendt sprachlos. Er hätte es nie für möglich gehalten, dass sie sich für den Streit in der Post verantwortlich fühlen und entschuldigen würde. Sehr irritiert schaffte er es nur noch, ihr kurz zuzunicken, bevor er weiterging.

Er fühlte sich düpiert. Die Frau musste einen Teil der Auseinandersetzung in der Post mitbekommen haben. Schließlich war sie doch beim Rausgehen einen Moment stehen geblieben und hatte zu ihnen hinübergeblickt. Als er wieder im Auto saß, überkam ihn ein Gefühl der Enttäuschung, so als hätte sie ihn ungerecht beurteilt. Er hatte sich doch für sie eingesetzt! Und nun warf sie ihn in einen Topf mit dem ungehobelten ausländerfeindlichen Kerl und diesem unmöglichen, sich als Verteidiger aller Ausländer aufspielenden aggressiven Typen. Er schüttelte den Kopf, drehte in aufkommendem Ärger kräftig den Zündschlüssel und gab gleichzeitig Gas, so dass der Wagen nicht ansprang und er einen zweiten Versuch starten musste.

Tausendmal berührt – die Fahrkarte bitte

von Arne Tiedemann

Tausendmal berührt, tausendmal ist nichts passiert. Der Partybrüller von Klaus Lage hängt uns doch allen irgendwie zum Hals raus, und wenn er nicht diesen so eingängigen Refrain hätte („Und es hat Zoom gemacht"), der sich in so vielen Situationen im Leben immer wieder bewahrheitet, dann hätten wir ihn schon längst wieder vergessen.

Sie erinnern sich doch an Klaus Lage, oder? Diesen zugewucherten Gitarrenmops mit der blassblau getönten Brille, der eigentlich eher nach Geschichtslehrer aussah als nach Popstar. Aber was das angeht, da haben die Achtziger in Deutschland nun mal seltsame Stars hervorgebracht. Etwa Herbert Grönemeyer, einen blassen, nuschelnden Schauspieler, der über eine graue Stadt im Ruhrgebiet und einen Imbissbudenklassiker singt und bestimmt noch andere tolle Dinge, wenn man es denn nur verstehen würde. Mit Müller-Westernhagen einen weiteren Schauspieler, selbstverliebt und scheinfromm arrogant, ohne den damals kein Zeltfest- und keine Landjugend-Disco-DJ auskam, wollte er nicht von unkontrolliert starker Bauernhand am Kragen seines Lacoste-Plagiatpoloshirts gepackt werden, um sich mit enormer Bierfahne anzuhören: „Schpiel ma' Marius!" Und natürlich Nena, die deutsche Madonna und Erfinderin des deutschen Jammerpops, die sogar mal die US-Hitparade anführte, wie heute nur noch große Klugscheißer zu berichten wissen. Von Modern

Talking fang ich gar nicht erst an. Ist über dieses Thema doch schon längst alles gesagt.

Zurück aber zu Klaus Lage und dem Lied, welches mit „Deine Eltern sind mit meinen damals Kegeln gefahr'n" eine der wohl dämlichsten, deutschsprachigen Textzeilen überhaupt hat. Nie hätte ich geahnt, dass mir dieses Lied noch einmal so nahe kommen sollte wie an diesem Abend im späten Herbst 2011. Doch geht es in meinem Fall nicht um jugendlich feuchte Träume und latent erotische Ausbrüche in einer langjährigen platonischen Freundschaft, sondern um etwas weitaus viel Intimeres.

Nicht genug damit, dass das Bahnfahren im Kreis Pinneberg eh schon per se ein sensibles Thema ist. Auf der wohl x-tausendsten Fahrt in den Feierabend wurde ich im uhrzeitgemäß mehr als voll besetzten Regionalexpress zwischen irgendwo in Hamburg und dem Elmshorner Hauptbahnhof von der mitfahrenden Zugbegleiterin zum ebenso vielten Male nach meiner Fahrkarte gefragt, und genau diese hatte ich zum ersten Mal (glauben Sie es oder nicht) nicht mit dabei.

Ich hatte einen recht guten Stehplatz ergattert und stand mit etwa zehn oder zwölf anderen Reisenden, einem Kinderwagen, einem Hund und viel Mief im Türbereich des Waggons. Als der bestimmt knappe Appell „Fahrkarten bitte!" gerufen wurde, griff ich routiniert ins linke Außenfach meiner Arbeitstasche. Der Griff ging jedoch ins Leere, und mehr als erstaunt starrte ich tief in die Tasche hinein. Da war nichts, und ich machte dementsprechend ein doofes Gesicht. Es musste in etwa so ausgesehen haben, wie man es aus der ARD-Comedy-Reihe Sketchup kannte, wenn am Ende eines gespielten Witzes Diether Krebs verkleidet mit einer dickwandigen Brille und falschen Zähnen zur Pointe mehr als dümmlich in die Kamera starrte. Auch ich starrte und starrte mehr als dümmlich, durchwühlte erneut die ganze Tasche, das Ergebnis blieb aber dasselbe. Ich hatte tatsächlich meine Fahrkarte nicht dabei. Mir fiel sofort ein, dass sie in der linken Innentasche der Jacke steckte, die ich gerade nicht anhatte.

Die Zugbegleiterin kam immer näher, und es blieben mir zwei reale Möglichkeiten (in Ohnmacht fallen schloss ich von vornherein aus, obwohl mir das bei anderen Gelegenheiten sonst schon oft geholfen hatte) – ich hätte entweder meinen Platz verlassen und in Kontrollrichtung voraus den Zug bis zum anderen Ende gehen können, in der Hoffnung, dass der Zug meinen Zielbahnhof Elmshorn erreicht, bevor die Schaffnerin mich in ihre Finger kriegt, oder aber ich stellte mich der Situation. Hey, ich bin ein Mann! Und irgendwie zu feige, um wegzurennen. Nur noch einen halben Meter, zum Fliehen war es eh zu spät.

Alle Mitreisenden unmittelbar um mich herum zeigten artig ihre Fahrkarte vor, selbst die Abgerissenen und offensichtlich Dusseligen, von denen man es nun nicht unbedingt erwartet, dass sie sich vorher ein Ticket besorgt haben, und schon stand die freundliche Kundenbetreuerin vor mir und wollte nun auch mein Billett in Augenschein nehmen. Sie lächelte. Noch einmal sagte sie nur für mich ein fast anreizend gehauchtes „Die Fahrkarte, bitte." Es hörte sich klanglich fast wie die blödinnigen, unterschwellig zotigen Zusammenfassungen von der Herzblattstimme Susi an, die den größten Stuss redete, aber scheißegal, das jedoch auf alle Fälle äußerst anreizend. Ich antwortete ebenso leise und versuchte es dementsprechend auch genauso zärtlich klingen zu lassen, dass mir das ja schon ziemlich peinlich wäre, ich aber die Fahrkarte gerade heute nicht dabei hätte.

Für einen Moment herrschte Stille. Wir standen uns dicht gegenüber und sahen uns tief in die Augen. Ja und dann, dann hat es „Zoom" gemacht.

Und auf einmal war der intime Moment vorbei, und lauter, als es nötig gewesen wäre, hörte ich (und der ganze Waggon auch) ein biestiges „Das ist aber schlecht!" Wie routiniert wurde dabei in einer fließenden Bewegung der Ticketscanner gezückt und sofort damit begonnen, standrechtlich im Menü des Geräts das Schwarzfahrerprogramm aufzurufen. Ich war geliefert.

Ohne Fahrkarte zu fahren ist nun im Grunde nicht arg schlimm, zumal man die Sache einfach bereinigen kann, indem man seine Fahrkarte innerhalb von ein paar Werktagen beim Kundenschalter vorzeigt und somit Absolution erhält und auch vollkommen rehabilitiert wird. Schlimm war da eher die elefantöse, unwirkliche Situation, in der ich mich befand und in der die harsche Hüterin der Ordnung mich wie einen Verbrecher behandelte und aus einer alltäglichen Fahrkartenkontrolle einen Schauprozess machte.

„So! Dann wollen wir mal!", war die genüssliche Einleitung zur nun folgenden öffentlichen Hinrichtung. Die Leute wandten sich uns, vor allem mir, neugierig zu und selbst gichtige Rentner, denen längst jede Bewegung zur Qual geworden ist, wurden von ihrer Neugier übermannt und drehten, soweit es eben ging, ihre Köpfe und vergrößerten mit ihren Händen ihre Ohrmuscheln, um ja nichts vom drohenden Anschiss zu verpassen. Und just der lag in der Luft.

Die eben noch so freundliche Frau mutierte innerhalb eines Satzes zur fiesen Tickethexe und fragte, ob ich mich ausweisen könne. Die Susi-Herzblatt-Stimme war endgültig verschwunden. Nein, konnte ich nicht, denn auch meinen Personalausweis oder den als gleichwertig zu betrachtenden Büchereiausweis hatte ich nicht dabei, weil alles in demselben Portemonnaie steckte. Führerschein, Fahrzeugschein, Sparkassencard, Versichertenkarte der AOK. Bonuskarte vom Dönerimbiss. Mitgliedsausweis vom Saunaclub. Ich war praktisch nackt, und so fühlte ich mich nun auch. „Sie haben also Ihre Fahrkarte (Kunstpause) vergessen. Was denn für eine?" Ich antwortete immer noch im gedämpften Ton der demütigen Unterwerfung, dass ich eine HVV-Proficard besäße. Sie sah mich an und zog eine Augenbraue dabei hoch. Das sagt viel, das sagt alles. Sie schwieg und hackte auf dem Kasten in ihren Händen herum. Tausendmal gefahren, tausendmal ist nix passiert. Tausend und eine Fahrt, und es hat Zoom gemacht. Männer sind so verletzlich.

Ich wollte mich nicht rausreden, aber fragte die Scharfrichterin in der adretten Bahnuniform, ob das denn jetzt alles so sein müsse. Was hatte ich da nur gesagt! Sie strapazierte die Personalpronomen: „Sie haben keinen Fahrschein dabei. Nicht ich!" Ich merkte, dass ich innerlich aufmuckte. Ich hatte den Impuls, sie wirklich zu fragen, ob sie ein Ticket dabei hätte. Bei meinem Pech hätte sie wahrscheinlich tatsächlich eines dabei gehabt. Ich schwieg mit hochrotem Kopf. Mir kam die irrwitzige Idee zu sagen, dass meine Eltern doch mit ihren damals Kegeln gefahren wären ... Ich tat es nicht.

Meine verdammte Vorstellungskraft lief Amok, und mein mehr als zweifelhaftes Talent, sich Liedtexte zu merken, spielte mir Streiche. Wie kommt man auf so etwas in solchen Momenten? Es scheint eine Art Liedtext-Tourette zu sein. So aufgewühlt hab ich dich nie gesehen, du stehst da neben mir, und ich schäm mich fast dabei. Scheiße, scheiße, scheiße. Meine Fantasie fuhr ebenfalls ohne Ticket, und zwar auf dem Dach eines unmittelbar auf einen Kopfbahnhof zurasenden führerlosen Güterzuges. Aber ich ergab mich in mein Schicksal, und das bedeutete: Ich war schuldig.

Der Lautsprecher knackste. Ich rechnete mit der Durchsage, dass in Wagen 4 gerade ein straffällig gewordener Wirtschaftskrimineller im öffentlichen Personennahverkehr ordentlich langgemacht werde und man sich nun aber beeilen müsse, um noch ein wenig was von der Verurteilung mitzubekommen. Wagen 4. Dann aber langweilte eine Stimme die Worte: „Nächster Halt, Elmshorn. Ausstieg in Fahrtrichtung rechts." Dabei hatten wir gerade das funkelnde Lichtermeer der Wellpappenmetropole

Tornesch passiert, was bedeutet, dass noch mindestens fünf Minuten der Drangsal folgen würden. Die wuchtige Kontrolleuse begann zu schnaufen. Oh ha. Ich musste damit rechnen, jeden Augenblick zu Boden gerungen zu werden und mittels Haltegriff bäuchlings die Handschellen einrasten zu hören. Die Kraft hätte sie, den Willen allemal. Am Elmshorner Bahnhof würden mich dann wahrscheinlich zwei Schränke von der Bundespolizei unter ihre Fittiche und direkt in den Schwitzkasten nehmen. Die Nacht zumindest würde ich in einer kargen Zelle verbringen, ohne meine Schuhe und ohne Gürtel.

Mittlerweile konzentrierte sich sämtliche Aufmerksamkeit auf mich. Ich hatte die ganze Zeit den Blick gesenkt und meine Finger gezählt, es waren immer zehn. Ich guckte nun hoch und sah die Leute an. Keiner sagte ein Wort. Sie starrten mich nur abschätzig an, mich, den offensichtlichen Schwarzfahrer, Leistungspreller, Schwerverbrecher und Klaus-Lage-Fanclub-Vorsitzenden. Die unerbittliche Kopfgeldjägerin kostete das richtig aus. Ich musste meine Adresse aufsagen („Aber die richtige!", wie ich mir anhören musste). Wieder ewig langes Schweigen. Sie druckte mit ihrem modifizierten Gameboy zwei meterlange Zettel aus, von denen ich einen unterschreiben musste. Zeit zum Durchlesen ließ sie mir nicht. Mit weiteren Anweisungen und einer Ermahnung wurde ich vorerst auf freien Fuß gesetzt. Etwa fünf Sekunden später gingen in Elmshorn die Türen des Zuges auf. Die Frau von der Bahn scheint Profi zu sein, und ihr Timing war einmalig. Sie fertigte mich quasi punktgenau ab. Gut, dass sie mich erst ungefähr in Pinneberg erwischte und nicht schon gleich in Hamburg Dammtor.

Vielleicht wollte sie sich bloß den Abend vertreiben und nicht grad allein sein und hielt bei mir an. Wir waren nur Fremde und wollten's auch bleiben, ich dachte nicht im Traum, dass mir das passieren kann.

Das Betreten des Bahnsteigs war keine wirkliche Befreiung für mich. Vorbestraft und mit einem Gefühl der Demütigung fuhr ich nach Hause und suchte meine Fahrkarte und musste die ganze Zeit an Klaus denken: Tausend und eine Nacht und es hat Zoom gemacht. Seit diesem Abend habe ich immer die Fahrkarte dabei, ich kontrolliere mich selbst. Morgens, bevor ich das Haus verlasse, und abends noch einmal, wenn ich aus dem Büro gehe. Leise zu mir selbst sage ich dann, dass es niemand sonst hören kann: „Die Fahrkarte, bitte!" Ich bin gewappnet, doch die Zugbegleiterin mit der Susi-Herzblatt-Stimme hab ich nie wieder gesehen. Alles war so vertraut, und jetzt ist alles neu, jetzt ist alles neu. Tausendmal berührt.

Als in Uetersen die Welt unterzugehen drohte

von Jürgen Wolff

Der 10. August 1925 war ein Montag, ein heißer,
schwüler Tag. Abends, gegen 19 Uhr, hörte man in
der Ferne Donnergrollen. Die meisten Uetersener
hatten sich in die kühlen Räume ihrer Wohnungen
begeben, um das Abendbrot einzunehmen. Sie rech-
neten mit einem Gewitter und hatten sich dementsprechend vorbereitet, so auch meine Großeltern.
Mein Großvater betrieb in der Bergstraße in Uetersen eine Bauernstelle. Er war froh, dass er mit der
letzten Fuhre Getreide die Durchfahrt zum Getrei-
deboden noch erreicht hatte. Die Familie versam-
melte sich in der Küche. Die Koffer und Taschen
mit Papieren und dem Nötigsten standen wie immer
bereit, denn in einem Bauernhaus musste man vor
einem eventuellen Blitzeinschlag gewappnet sein.
Doch was dann geschah, hatte man seit Menschen-
gedenken in unserer engeren Heimat nicht erlebt.
Ein Naturereignis, eine Katastrophe, nahm seinen
Verlauf. Der Himmel verdunkelte sich derart, als
würde die Welt untergehen. Es fing heftig an zu regnen, Regentropfen talergroß. Schon heulte der
Sturm auf. Man glaubte, eine Steigerung wäre nicht
möglich, doch der Sturm wurde zum Orkan. Hagelkörner und Eisstücke bis Hühnereigröße flogen
herum. Im Nu wurden durch die Wolkenbrüche
Wege und Straßen überspült. Der Orkan peitschte
den Hagel und die Wassermassen auf die Dächer
und gegen die Fenster. Der Strom fiel aus, da die
elektrischen Freileitungen zerstört wurden. Viele

Dächer wurden einfach abgedeckt, Ziegel und Bretter flogen durch die Luft. Wasser und Eisbrocken drangen durch die zerstörten Fenster ins Haus, wie mit Eimern hineingekippt. Um der Wassermassen, nicht nur im Hause meiner Großeltern, einigermaßen Herr zu werden, begannen die Bürger mit Schaufeln und Gefäßen das Wasser wieder heraus zu befördern, oft vergeblich. Überall in Uetersen waren die Menschen voller Angst und völlig machtlos gegen die Naturgewalten. Die Häufigkeiten von Blitz und Donner waren nicht mehr zu zählen. Der Himmel hatte sich inzwischen schwefelgelb verfärbt. Allmählich ebbte zwar die Heftigkeit des Sturmes etwas ab, doch es regnete weiter in Strömen.

Obwohl der absolute Höhepunkt dieser Naturkatastrophe letztlich nur etwa zwanzig Minuten anhielt, war es für die Bevölkerung in Uetersen und der näheren Umgebung (Neuendeich, Tornesch) eine gefühlte Ewigkeit in Furcht und Schrecken.

Die ersten, wenn auch verstörten Einwohner des Ortes wagten sich auf die Straße. Ihnen bot sich ein verheerender Anblick. Nicht nur in ihren Wohnungen stand das Wasser, auch die Straßen waren überflutet und überall herrschte ein heilloses Durcheinander von Glasscherben, Dachziegeln, Brettern und Balken, Buschwerk und sonstigen weggespülten Gegenständen. Doch das wirkliche Ausmaß der Katastrophe bot sich ihnen und den Behörden erst in den folgenden Stunden und Tagen.

Mein Vater, zu der Zeit Seminarist des letzten Jahrganges am Lehrerseminar Uetersen, von den Seminaristen einfach „Kasten" genannt, weilte in den Stunden dieses Ereignisses im Hause meiner Großeltern, seinen späteren Schwiegereltern.

In einem Brief an seine Eltern in Kellinghusen, in dem er seine Erlebnisse des Unwettertages schilderte, schrieb er u.a. Folgendes: „Ich war gerade auf dem Wege zu Möllers zum Essen. Vorher brachte ich noch schnell die Pferde auf die Weide, und als ich zurückkam, fing es schon an zu regnen und zu wehen." – und später weiter im Brief meines Vaters an seine Eltern: „ Die Dachziegel flogen vom Dach und bald stand die ganze Diele unter Wasser. Was sollten wir dagegen machen. Wir haben alle auf der Vorderdiele gestanden und dem grausamen Schauspiel zugehört. Sehen konnte man nicht einen halben Meter weit. Ich will euch sagen, es war kein schönes Gefühl. Es knackte und barst überall. Man musste unwillkürlich glauben, jetzt geht's zu Ende. Die ganze Diele war ein Meer, die Stuben schwammen, Gardinen und Fenster zertrümmert. Das Heu und das Korn auf dem Boden waren vollkommen durchnässt. Als es aufhörte zu regnen, sind wir losgelaufen, um nach dem Vieh zu sehen. Es war ausgebrochen. Die beiden Pferde waren vor Angst geflohen. Sie wurden erst am nächsten Tag in einem Hühnerstall in Heidgraben gefunden. Ein trauriges Bild ringsum. Alles, aber auch alles ist im Garten und auf dem Feld zerstört. Korn ist wie ausgedroschen, die Kartoffeln liegen aufgewühlt auf dem Land. Als ich zum „Kasten" kam, waren unsere Betten alle durcheinander gewühlt und durchnass. Heute (12.08.1925) ist ja wieder Sonnenschein, der wird's wohl wieder trocknen. Ich hab die Betten an die Leine gehängt. Ihr seid wohl so gut und schickt mir neue Bettwäsche. Am Seminargebäude sind un-

gefähr 2000 Scheiben zertrümmert. Sechs Glaser-
meister aus Hamburg, Heide, Wedel, Schulau usw.
arbeiten allein bei uns auf dem „Kasten". Gestern
Abend war ich zur Kirche. Alles weinte. Sieben
Kinder waren noch obdachlos. Heute Nachmittag
sollen wir bei den Aufräumungsarbeiten in der Stadt
mithelfen." (Zur Kenntnis: Die Seminaristen wohnten seinerzeit im Seminargebäude und schliefen auf
dem Dachboden. Das Dach wurde damals stark be-
schädigt.) Soweit ein Auszug aus dem Brief meines
Vaters.
In den Tagen nach der Katastrophe zeigte sich, dass
die Schäden gewaltig waren. Dächer waren abgedeckt, Wände eingedrückt, Schornsteine umgefal-
len, Zäune und Pforten zerstört und vieles Mobiliar
unbrauchbar geworden. Das Glasergewerbe hatte
Hochkonjunktur. Neben vielen entwurzelten Bäumen im Ort war auch die sehr alte Eiche im Ein-
gangsbereich zum Mühlenteich dem Orkan zum
Opfer gefallen. Besonders die Landwirte hatten
hohe Verluste zu beklagen. Große Anteile der Ernte
waren vernichtet worden. Vieh war entweder durch
den Hagel erschlagen worden oder in den überfüll-
ten Gräben ertrunken. Für viele Baumschulen
waren Fleiß und Arbeit der letzten Jahre vergebens
gewesen. Für einige Firmen und Handwerksbe-
triebe war die Weiterarbeit auf Wochen unmöglich
gemacht worden. In Uetersen war leider auch ein
Todesopfer zu beklagen. Ein 23jähriger Mann
wurde von einem umstürzenden Schornstein, der
durch die Decke seines Hauses fiel, erschlagen.
Bereits einen Tag nach dem Unwetter trat der
Magistrat der Stadt Uetersen zusammen, um über
Schritte zur Einleitung von Hilfsmaßnahmen zu be-

raten. Der Landrat des Kreises Pinneberg, Gustav Niendorf, nahm an dieser Sitzung teil ebenso die Bürgervorsteher der benachbarten, geschädigten Gemeinden. Vertreter der Presse waren ebenfalls anwesend. Man beschloss, einen Notstandsausschuss zu bilden, der für Schadensfeststellungen, Schadensprüfungen, Koordination, Verwaltung des Hilfsfonds und letztlich für die gerechte Verteilung der Gelder zuständig sein sollte. Diesem Ausschuss gehörten neben dem Landrat und dem Uetersener Bürgermeister, J. Christians, der Uetersener Hauptpastor Dr. Klappstein sowie weitere Stadtvertreter und die Bürgervorsteher der geschädigten Landgemeinden (Heidgraben, Moorrege, Neuendeich) an. Nachdem der Kreis Pinneberg Hilfsmittel zugesagt hatte, wurde auch beim Land Schleswig-Holstein finanzielle Hilfe beantragt. Selbst an den Deutschen Reichstag und an die Regierung in Berlin wurden Bitten um Unterstützung herangetragen.

Im ganzen Deutschen Reich wurde das Uetersener Unglück schnell bekannt. Für die Verbuchung zahlreicher Privatspenden aus Nah und Fern wurden bei den örtlichen Bankinstituten Konten eingerichtet. Die zur Verfügung gestellten Geldmittel wurden in den nächsten Monaten von der Stadtverwaltung und nach Prüfungsvermerk durch den Notstandsausschuss nach einem festgelegten Schlüssel auf Antrag an die Geschädigten verteilt.

Doch wie war es zu diesem Unwetter gekommen? Natürlich beschäftigten sich in den nächsten Tagen auch die Meteorologen mit diesem Naturphänomen. Eine Windhose hatte sich, wie damalige Augenzeugen berichteten, kurz vor 19 Uhr über der Elbe an der Pinnaumündung gebildet. Mit ungeheurer Gewalt und Geschwindigkeit zog der nur wenige Kilometer breite Zyklon über Neuendeich, wo er bereits erhebliche Schäden anrichtete, nach Uetersen, wo er sich mit großer Wucht austobte. Der Orkan mit seinen Begleiterscheinungen streifte die Haseldorfer und die Seestermüher Marsch, zentrierte sich auf Uetersen, um sich dann allmählich über Tornesch und Ahrenlohe abzuschwächen. Die Wissenschaftler sahen die Ursache dieses Naturereignisses in dem großen Temperaturunterschied, der zwischen unserer Region und dem niedersächsischem Gebiet jenseits der Elbe herrschte – bei uns tagsüber 31 Grad, dort 18 Grad.

Diese Wetterkatastrophe wirkte noch lange nach in den Köpfen nicht nur der Uetersener Bürger und viele hatten noch über Jahre an den Folgen zu tragen.

Der See ruft

von Sabine Zuhl

„Bolle reiste jüngst zu Pfingsten, nach Pankow war sein Ziel. Da verlor er seinen Jüngsten ganz plötzlich im Gewühl. 'ne volle halbe Stunde hat er nach ihm gespürt. Aber trotzdem hat sich Bolle ganz köstlich amüsiert."
Den ganzen Tag schon hatte Anna davon einen Ohrwurm. Sie hatte gehofft, eine Runde um den Block würde sie auf andere Gedanken bringen.
Weit gefehlt. Erinnerungen an bessere Zeiten summten ihr im Kopf herum.

Matti und sie bei einem Spaziergang um den Krupunder See …
Obwohl sie damals nur Augen und Ohren füreinander gehabt hatten, hatte ein alter Mann ihre Aufmerksamkeit auf sich gezogen, der am Ufer Steine in einen Sack gepackt, diesen mit einer Kordel verschnürt und in den See geworfen hatte. Nicht, ohne diesem ein: „Verreck, du Aas!" mit auf den Weg zu geben.
„Dieser See ist keine Müllhalde!", hatte Matti den Mann belehrt.
„Scher dich um deinen eigenen Dreck!", hatte dieser gebrummt.
„Was war in dem Sack?", hatte Anna aus einem Impuls heraus gefragt.
„Eine Missgeburt", hatte der Alte geknurrt, ohne aufzublicken, bevor er sich mit seinem Drahtesel davongemacht hatte.

„Und Fahrradfahren ist hier auch untersagt!", hatte Matti noch gerufen, aber da war der Alte bereits außer Sichtweite gewesen. Ohne zu zögern, hatte Anna ihre Sandalen abgestreift und war ins Wasser gelaufen, um den Sack herauszuholen.

„Der ist bestimmt hinüber", hatte Matti festgestellt, nachdem sie das reglose Fellbündel aus dem Sack gezogen hatte.

Zum Glück hatte Matti sich getäuscht. Der Hundewelpe hatte überlebt. Auf dem Weg nach Hause hatten sie ihn in Mattis Jacke gewickelt und dabei Musik aus einem Autoradio gehört, das an ihnen vorbeigefahren war. Matti und sie hatten sich angesehen und in stummem Einvernehmen genickt. Ihr neues Familienmitglied hatte soeben einen Namen erhalten.

„Bolle! Wo steckst du denn!"

Nur wenige Minuten hatte sie sich ihren Gedanken hingegeben, da war Bolle wie vom Erdboden verschluckt. Um diese späte Stunde waren nur noch wenige Menschen auf der Straße, so dass sie Bolle manchmal ohne Leine laufen ließ. Bolle war gutmütig. Er tat keiner Fliege was zuleide. Außerdem gehorchte er aufs Wort, nachdem Matti und sie mit ihm vor Jahren in der Hundeschule gewesen waren. Sie stieß einen lauten Pfiff aus, suchte die von Straßenlaternen erhellte Umgebung mit den Augen ab. Ohne Erfolg. Bolle blieb verschwunden.

Ihr Blick fiel auf ein Gebüsch und einen unbeleuchteten Weg, der zum Krupunder See führte. Sollte Bolle einer Fährte gefolgt sein? Zögernd beschritt sie den unebenen Sandweg. Ein ungewöhnlich großer Vollmond am Himmel erhellte die Seeoberfläche. Fröstelnd verschränkte sie die Arme vor der Brust und lauschte. Gerade wollte sie erneut nach Bolle rufen, da fuhr sie wie vom Donner gerührt zusammen. Ein lautes Wimmern war ihr durch Mark und Bein gefahren.

„Bolle?", rief sie, darum bemüht, ihrer Stimme einen festen Klang zu verleihen. Sie war nicht ängstlich, glaubte weder an Geister und Gespenster noch an anderes Übersinnliches.

Der Mann, zu dessen Füßen Bolle lag, trug eine Lampe auf der Stirn.

„Ist das Ihr Hund? Der hätte mich fast umgerissen! Meine Hose ist nass und schmutzig geworden."

„Bolle, was ist mit dir?" Erschrocken hockte sie sich neben das Tier. Es zitterte am ganzen Körper. Anna sah zu dem Fremden auf. „Was ist denn passiert?"

„Wie ein Irrer kam der Entenjäger aus dem Wasser geschossen, als wäre der Leibhaftige persönlich hinter ihm her!", schimpfte der Mann.

„Niemals würde mein Hund Jagd auf Enten machen. Er fürchtet sich vor Gewässern", erklärte sie.

Der Mann klopfte seine Hose ab. „Für die Reinigungskosten der Hose komme ich selbstverständlich auf", beruhigte Anna ihn und gab ihm ihre Telefonnummer. Danach nahm sie Bolle an die Leine und machte sich mit ihm auf den Rückweg zu ihrem Haus, das sich einige Straßen vom See entfernt befand. Mit eingeklemmtem Schwanz, dicht an ihr Bein geschmiegt, lief Bolle neben ihr her.

Warum war er in den See gelaufen, zum ersten Mal, seit sie ihn vor sieben Jahren daraus befreit hatte?

Anna fand keine Antwort darauf. Das Beste würde es sein, Bolle vorsorglich vom Tierarzt untersuchen zu lassen. Kurz zog sie in Erwägung, Matti anzurufen, um ihm von dem Vorfall zu berichten. Doch die Idee verwarf sie gleich wieder. Matti war mit seiner jungen Frau und dem Neugeborenen beschäftigt.

Zu Hause angekommen, rubbelte Anna Bolles gelocktes schwarz-weißes Fell trocken. Dabei sprach sie beruhigend auf das verstörte Tier ein. Ohne Erfolg. Sogar im Haus wich Bolle ihr nicht von der Seite. Während sie unter der Dusche stand, jaulte er vor der Badezimmertür.

Diese Nacht erlaubte sie Bolle, neben ihr zu liegen, in dem Bett, in dem bis vor einem halben Jahr Matti geschlafen hatte. Seit der Trennung hatte sie Bolle erlaubt, am Fußende ihres Bettes zu übernachten. Es hatte sie getröstet, dass sie ihre kalten Füße an Bolles Fell wärmen konnte. Heute war es Bolle, der Trost benötigte.
Im Morgengrauen wurde sie von Bolles Gewinsel geweckt. Bolle träumte. Er lag auf dem Rücken und zuckte mit den Läufen. Etwas quälte ihn, darüber gab es keinen Zweifel.

Auf dem Weg zum Tierarzt liefen sie Malwine über den Weg. Obwohl die alte Frau fast hundert Jahre alt war, lebte sie immer noch alleine in ihrem kleinen, in der Nachkriegszeit erbauten Haus. Mit etwas Phantasie erinnerte die Hütte an das Hexenhaus aus dem Märchen „Hänsel und Gretel". Die

Leute in der Nachbarschaft redeten über Malwine, die dafür bekannt war, dass sie Gürtelrosen und Warzen erfolgreich besprach. Einige glaubten, sie könne in die Zukunft sehen.

Malwine trug einen Korb in der Hand, in dem sich gesammelte Kräuter befanden. Sie hielt den Kopf gesenkt und murmelte unverständliche Worte vor sich hin. Anna grüßte Malwine freundlich. Diese blieb stehen und nickte ihr zu.

Eingehend musterte sie Bolle aus ihren für ihr hohes Alter erstaunlich klaren wasserblauen Augen. Sie hob einen knochigen Zeigefinger. „Der See ruft nach ihm", flüsterte sie mit Blick in die Ferne, bevor sie das Gemurmel wieder aufnahm und weiterging.

Bei den Worten war Anna ein eiskalter Schauer über den Rücken gelaufen.

Der Tierarzt, ein Mann in den frühen Sechzigern, begrüßte Bolle wie immer mit den Worten: „Na, alter Junge, was macht die Kunst?" Anna berichtete von Bolles Verhalten. Der Tierarzt untersuchte ihn gründlich, sah in seine Augen und Ohren. „Alles picobello", lautete die Diagnose.

Je näher sie auf dem Heimweg dem Krupunder See kamen, desto unruhiger wurde Bolle. Einer Eingebung folgend klopfte Anna an Malwines Haus. Malwine öffnete und bat sie herein. Während Anna einen Becher Kräutertee trank und Bolle auf dem Boden liegend an einem großen Knochen nagte, den Malvine ihm gegeben hatte, berichtete Anna von dem Vorfall am Krupunder See. „Der Tierarzt sagt,

Bolle sei völlig gesund. Aber ich spüre, dass es Bolle nicht gut geht", schloss sie.

Lange Zeit sah Malwine vor sich hin. Ab und zu nickte sie mit dem Kopf. Anna befürchtete schon, die alte Frau habe ihr nicht zugehört, weil sie zu sehr in ihrer eigenen Welt lebte, da sah Malwine sie an und begann zu sprechen: „Ich habe das Schwimmen im Krupunder See erlernt. Die Menschen kamen von weit her, um sich dort zu erholen." Sie schilderte mit leuchtenden Augen ihre Kindheit und Jugend, berichtete von Wasserschlachten im See und romantischen Sonnenuntergängen am Ufer. Plötzlich verdunkelte sich ihr Blick.

„Der Krupunder See wurde ,Schwarzer See' genannt. Ein kleiner, von Moor und Heide umgebener Wald ist im Moor versunken und hat ein ganzes Haus mitgerissen." Sie machte eine Pause und sah in die Ferne. „Kup ünner", sprach sie vor sich hin. Danach wendete sie sich erneut Anna zu. „Es gab einen habgierigen Wirt, der die Gäste ausgenommen, ausgeraubt und im Schwarzen See versenkt hat. Und zahlreiche Menschen sind darin verunglückt, ertrunken oder im zugefrorenen See eingebrochen." Sie machte eine bedeutungsvolle Pause, beugte sich zu Anna und flüsterte mit eindringlicher Stimme: „Jährlich forderte der See ein Opfer."

Anna runzelte die Stirn. „Das ist lange her."

„Vergangenes ist vergangen, doch es kann sich wiederholen. Jederzeit." Malwine legte ihre runzelige Hand auf Annas Hand. „Wir müssen achtsam sein."

„Was kann ich tun?", erkundigte sich Anna. Sie war sich nicht ganz im Klaren darüber, was genau Malwine ihr damit sagen wollte. Malwine richtete sich auf. Sie wirkte sehr konzentriert.

„Nimm den Knochen, an dem Bolle nagt, Haare von seinem Fell, dazu einige Kräuter. Alles zusammen in einen Sack und dann ab damit in den See."

Anna sah sie zweifelnd an. Sollte es doch wahr sein, was einige Leute behaupteten, nämlich, dass die alte Malwine verwirrt sei, man ihr nicht mehr alles glauben könne?

Malwine war aufgestanden und packte Kräuter, die sie an einer Leine zum Trocknen aufgehängt hatte, in einen Jutesack. „Warte, bis es Vollmond wird. Und nimm Bolle mit." Mit diesen Worten übergab sie Anna den Sack. Fast war Anna mit Bolle aus der Tür, da rief Malwine sie noch mal zurück. „Ich hab' noch was für dich. Pack es zu den anderen Sachen in den Sack."

„Was ist das?" Anna blickte fragend auf das Bündel getrockneter Blumen, das Malwine ihr in die Hand gedrückt hatte.

„Männertreu. Das bewirkt Wunder."

In den nächsten Tagen überlegte Anna, ob sie wirklich tun sollte, was Malwine ihr geraten hatte. Doch als Bolle in der nächsten Zeit weiterhin ängstlich die nähere Umgebung des Sees mied, traf sie einen Entschluss. Sie würde Malwines Anweisungen folgen. Ein bisschen Hokuspokus schadete sicherlich keinem.

Der nächste Vollmond fiel auf einen stürmischen Samstag im November. Regen prasselte an die Fensterscheiben. Bei diesem Wetter hielten sich die meisten am liebsten in der warmen Stube auf. Nur wenige Menschen würden sich zu einem Spaziergang am Krupunder See entscheiden. Der eine oder andere Läufer würde sicherlich dem Wetter trotzen und seine täglichen Runden um den See machen. Deshalb hatte sich Anna dazu entschlossen, bis zum späten Abend zu warten. Und Malwine hatte gesagt, Mitternacht sei die beste Zeit, um den Sack an den See zu übergeben.

Je später es wurde, desto stürmischer wurde es. Hagelkörner, groß wie Kirschsteine, prasselten auf das Dach und tanzten auf der Straße. Gegen 23.30 Uhr schlüpfte Anna in ihre Gummistiefel und band die Kordel der Kapuze ihrer Regenjacke unter ihrem Kinn zu einer Schleife. Bolle lag auf dem Boden und beobachtete sie dabei. Ein letzter Blick in den Sack – alles war drin, was hinein sollte, einschließlich ein kleines Büschel von Bolles Fell, das sie ihm am Nachmittag abgeschnitten hatte, und ein Felsstein, um den Sack zu beschweren.

„Komm! Ausgehen, Bolle!", ermunterte sie den Hund und schloss die Haustür auf. Seine Freude war verhalten. Ahnte er, dass es zum See gehen sollte? Nein, es musste das Wetter sein. Bolle hielt nicht viel vom Regen. Wenn es trocken war, ließ er sich nicht zweimal darum bitten, mit nach draußen zu kommen, egal, zu welcher Tageszeit.

Mit dem Sack in der einen Hand und Bolles Leine in der anderen bahnte sie sich den Weg zum See durch menschenleere Straßen. Regen peitschte ihr ins Gesicht. Mehrmals blieb Bolle stehen, aber sie ermunterte ihn zum Weitergehen. Als sie zum Feldweg kamen, der zum See führte, weigerte Bolle sich beharrlich, einen Schritt weiterzugehen. Sie musste das verängstigte Tier hinter sich herziehen. Anna band Bolle an einen Baum, um ihm zu ersparen, mit ihr bis zum Ufer zu gehen. Sie ergriff den Sack, lief zu dem vom Mondlicht erleuchteten See und schleuderte ihn, so weit sie konnte, ins Wasser. Ohne sich noch einmal nach ihm umzudrehen, lief sie zurück zu Bolle. Die Dunkelheit wurde von einem grellen Blitz erhellt, und ein lauter Donnerschlag folgte. Bolle sprang in die Höhe und bellte laut.

Auf dem Rückweg hatte das Wetter sich beruhigt. Sie fühlte sich merkwürdig befreit, als wäre ihr eine Last von den Schultern genommen. Bolle lief entspannt neben ihr, mit gespitzten Ohren und einem wedelnden Schwanz. Als sie an Malwines Haus vorbeikamen, sah die Alte aus dem Fenster. Anna winkte ihr zu.

Seit diesem Tag liebte es Bolle wie früher, mit Anna ausgedehnte Spaziergänge um den Krupunder See zu machen.
Nur das Baden in Gewässern, das missfiel Bolle nach wie vor.

Die Autorinnen und Autoren stellen sich vor:

Jörg Abke

Geboren 1950 in Wilhelmshaven. Aufgewachsen in Schleswig-Holstein. Ausgebildeter Werbe-Grafiker und Illustrator. Unterrichtet bei unterschiedlichen Malern. Von 1994 bis 2010 in Algarve gelebt. Nach Rückkehr 12 Bücher geschrieben.

Maike Sabine Bauer

Geboren 1968 in Uetersen. Arbeitet als Verwaltungsangestellte. Sie wohnt im wunderschönen, leicht verschlafenen Uetersen. In ihrer Freizeit schreibt sie gerne Kurzgeschichten.

Ingrid Bethke

Geboren 1939 in Hamburg, lebt seit 1978 in Wedel. Schon seit der Schulzeit war das Schreiben ihr Hobby und ist es bis jetzt geblieben.

Danièle Boidin-Schilling

Geboren 1946 in Maisons-Laffitte (Frankreich). Seit 1969 in Deutschland. Wohnhaft in Horst. Ihre Hobbys: Malen, Schreiben und Massieren (in eigener Praxis) halten sie jung und fit. www.DanyArt.de

Brigitte Brennecke

1937 in Hinterpommern geboren, Vertreibung, Studium in Flensburg und Kiel, pensionierte Sonderschulrektorin, Mitglied der Autorengruppe „PRosarium", Beiträge in div. Anthologien, Mitarbeit im Kreiskulturverband (früher auch im Vorstand). Zwei erwachsene Kinder.

Josefine Dreamer
Hobbyautorin aus Uetersen. Schreibt seit sieben Jahren Fantasy- und Science-Fiction-Geschichten, die auch im Internet veröffentlicht werden. www.mysticnovels.org

Margot Drews
Jahrgang 1944, Witwe, hat 18 Monate in Amerika gelebt, seit 1979 wohnhaft in Pinneberg. Sie schreibt Kurzgeschichten. Leitete über Jahre das von ihr initiierte Literatur-Café in der Landdrostei. Seit 2012 im Pinneberg Museum tätig.

Dörte El Sarise
Als Lehrerin 40 Jahre lang in Westerland und Bönningstedt tätig gewesen, nun Pensionärin mit vielen „Baustellen", schreibt Lyrik, am liebsten jedoch kurze, möglichst humorvolle Geschichten mit wahrem Kern.

Katharina Fast
Geboren in Sibirien. Seit 1992 lebt sie in Norddeutschland, schreibt Erzählungen, Märchen, Bühnenstücke und Lieder. Veröffentlichungen in deutschen und plautdietschen Zeitschriften. Mitglied im Verein Plautdietsch Freunde, im Förderverein Landdrostei, in der Autorenvereinigung NordBuch.

Joachim Frank
1952 in Hamburg geboren, lebt seit 2000 in Prisdorf. 8 Bücher und zahlreiche Veröffentlichungen in Anthologien und Zeitschriften. 2016 gewann er den Kurzgeschichtenpreis der Hamburger Autorenvereinigung. www.joachimfrank.info

Melanie Frey
Geboren 1970 in Hamburg, zwei Töchter, 2002 Umzug von Hamburg nach Elmshorn. Sie arbeitet in Heidgraben als Erzieherin und Motopädagogin in einem Kindergarten, Hobbys: Sport, Treffen mit Freunden, Literatur.

Jutta Haar
gibt in ihren heiter-satirischen Texten die Kuriositäten des Alltags auf humorvolle Weise wieder. Es geht um Wein, Liebe und alles, was sonst noch Spaß macht. Hamburger Literaturpreis für Kurzprosa, diverse Veröffentlichungen, Buch „haarige zeiten". www.write4you.de

Jörgen Habedank
Norddeutscher Vollblutkünstler: Als Glas- und Wandgestalter, Zeichner, „Collagist" und Maler bekannt für seine ausdrucksstark leuchtende Farbigkeit. Als Redner und Schreiber zeigt er Lust am Fabulieren, an Doppeldeutigkeiten und bunten Sprachbildern. www.farbige-kunst.de

Sibylle Hallberg
Jahrgang 1953. Wohnhaft in Pinneberg seit 1979. Seit 2007 Autorin von Kurzgeschichten und Gedichten. Seit 2010 Vorsitzende des Fördervereins Landdrostei Pinneberg. Veröffentlichungen in mehreren Anthologien und Zeitschriften.

Patrizia Held
Germanistin M.A., lebt in Elmshorn und arbeitete 20 Jahre als Redakteurin. Seit 2011 leitet sie kreative Schreibwerkstätten (u. a. Schreibschmiede Drostei). 2014 veröffentlichte sie ihr erstes Sachbuch. www.patriziaheld.de

Silke Hinsch
Seit 5 Jahren Schreiberin bei „After Work Writing/ Kreatives Schreiben" in Elmshorn. Ehemals Geschäftsführerin vom Sport-Club Pinneberg, jetzt im „Unruhestand", Jahrgang 1945, verheiratet, zwei Kinder.

Marcus Jensen
Geboren 1967 in Hamburg, aufgewachsen in Pinneberg, ist Autor und Lektor in Berlin. Er veröffentlichte drei Romane und über 120 Storys und Essays. Redakteur der Literaturzeitschrift ‚Am Erker'. www.mj67.de

Johanna Kastendieck
Geboren in Ostfriesland, lebt aber seit langem in Uetersen. Zwei eigene plattdeutsche Bücher im Mohland-Verlag, Goldebek. Veröffentlichungen in Anthologien und Jahreskalendern. 21 Jahre Sängerin der plattdeutschen Gruppe „Liekedeler".

Paul Keweritsch
Wohnt in Wedel und geht in die 7. Klasse der Gebrüder-Humboldt-Schule. Er segelt gern auf der Elbe, macht Judo und liebt „Star Wars".

Daphne Knickrehm
Geboren am 6.10.1988 in Hamburg, Abitur 2007 in Pinneberg, Bachelor of Arts in Allgemeiner und Vergleichender Literaturwissenschaft und Kulturanthropologie 2012 in Mainz, Master of Arts in Komparatistik 2016 in Mainz.

Sönke Knickrehm

Geboren 6.10.1948 in Hamburg. Früher Schriftsetzer, Korrektor, Kneipier, Archivar, Schlussredakteur und Textchef. Seit 1988 Schriftsteller. Künstlerische Arbeiten (Objekte und Skulpturen) seit 2002. Seit 2011 Mitglied im Vorstand des Kreiskulturverbandes Pinneberg.

Claudia Kollschen

Jahrgang 1975, lebt als Autorin, Stadtführerin sowie Mitarbeiterin der Stadtbücherei in Barmstedt. Veröffentlichung von literaturwissenschaftlichen Texten, Büchern zur Stadtgeschichte sowie Kurzgeschichten in Anthologien und Literaturzeitschriften. Mehrere Wettbewerbserfolge.
www.claudiakollschen.de

Jens Kraglund

Geboren 1950 in Hamburg-Altona mit dänischen Vorfahren. Autor von Kurzprosa, Vortragskünstler, Musiker, Schauspieler, Fotografenmeister (Piktorialist). Schreibt Autobiografisches, Absurdes und Nachdenkliches in detailverliebtem Stil.

Klaus Landahl

Geboren 1944 in Rudolstadt, aufgewachsen in Hamburg, lebt seit 1974 in Halstenbek. Arbeitete in sozialen Bereichen der Stadt Hamburg. Seit 2009 freier Schriftsteller.
www.klauslandahl.de

Hannelore Lübcke
Jahrgang 1939, hat 50 Jahre in Pinneberg gelebt, jetzt in Uetersen. Frühe Liebe zum Schreiben und Malen, Bilder-Geschichten für das Pinneberger Tageblatt, Mitgründerin 1984 „Nikolausmarkt", 1992 Umzug vom Bürgerhaus in die „Drostei".

Inge Mahlstedt
Geboren 1947 in Nürnberg, 1967 Umzug nach Hamburg, seit 1990 Pinnebergerin. Hobbys im Ruhestand: Schreiben, Fotografieren, Zeichnen und div. Jobs beim Amateurtheater.

Joachim Malecki
Jahrgang 1945, Dipl.-Ing. und Erster Baudirektor in der Freien und Hansestadt Hamburg, Hobby-Imker und verheiratet mit dem Schwarm seines Lebens sowie Autor des Buches „Geschichte des Pinneberger Rosengartens".

Nikola Anne Mehlhorn
Geboren 1967, studierte Musik, Kultur- und Medienmanagement. Ihre Prosa wurde vielfach ausgezeichnet: u. a. Hebbel-Preis, Hamburger Literaturförderpreis, Stipendien in Berlin und New York, Kreiskulturpreis Pinneberg. Die Autorin ist Mitglied im PEN International.

Martin Musiol
Jahrgang 49, war ein Berufsleben lang Biologie- und Chemielehrer am Gymnasium, Beratungslehrer, Lehrer in der Kinder- und Jugendpsychiatrie in Hamburg. Heute lebt er als freischaffender Künstler und Buchautor in Pinneberg.
www.mamu-art.net

Rani Nissen
Jahrgang 2003, 7. Klasse der Gebrüder-Humboldt-Schule, absoluter Bücher- & Filmejunkie, wandelndes Harry-Potter-Lexikon, Hobbys: Ballett, Schreiben, Lesen, Reisen.

Christel Parusel
Geboren 1948 in Pinneberg, lebt seither im Kreis Pinneberg. Beobachtungen im Alltag bieten der Verfasserin eine Fülle von Anregungen für ihre Texte. Schreiben ist ihr Hobby.

Johanna Ponellis
ist 15 Jahre alt und kommt aus Elmshorn. Sie besucht die 9. Klasse der Erich-Kästner-Gemeinschaftsschule Elmshorn. Ihre Hobbys sind unter anderem: Schreiben, Zeichnen und Klettern.

Matthias Pump
Jahrgang 1969, geboren in Hamburg und wohnhaft in Norderstedt. Von Beruf SAP-Administrator. Er schreibt seit seinem 12. Lebensjahr. Seine Großeltern väterlicherseits stammen aus Elmshorn.

Christiane Röder
Geboren 1956 in Hamburg, seit 2003 wohnt sie in Rellingen. Durch eine stärker werdende Schwerhörigkeit musste sie ihren Beruf als Lerntherapeutin aufgeben. Sie ist Mitglied der Schreibgruppe „Wir schreiben" der VHS Halstenbek.

Maren Schütt
Geboren 1940, Muttersprache Plattdeutsch. Seit 1963 Kreis Pinnebergerin. Verheiratet, getrennt lebend, 2 Kinder, 3 Enkelkinder, 2 Urenkelinnen. Erhalt der plattdeutschen Sprache ist ihr eine Herzensangelegenheit. Schreibt, liest vor, unterrichtet und spricht in der Familie Plattdeutsch.

Dagmar Seifert
wurde zur Redakteurin ausgebildet und arbeitete als freie Journalistin für verschiedene Illustrierte und den NDR. Sie hat bisher 7 Romane, 3 Bände mit Kurzgeschichten und eine Novelle veröffentlicht. www.dagmar-seifert.com

Carolyn Srugies
Jahrgang 1962, verheiratet, zwei erwachsene Kinder, Industriefachwirtin, tätig im Exportmanagement. Sie liebt es, Krimis zu lesen und Kurzgeschichten zu schreiben. Das Mitglied der „Mörderischen Schwestern" hat bisher einige Geschichten veröffentlicht.

Heinz Starken
wurde 1932 in Großenaspe geboren. Nach dem Abitur 1954 studierte er Biologie, Geographie und Sport in Kiel. Realschullehrer in Barmstedt von 1966 – 1998, wo er bis heute mit seiner Frau wohnt.

Gerda Stelling
wurde 1942 als Mittlere eines Dreimädelhauses in Elmshorn geboren. Seit 1962 lebt sie mit ihrer Familie in Uetersen. Seit 2003 Mitglied in der Autorinnengruppe PRosarium.

Rüdiger Stüwe

Geboren 1939 in Ostpreußen; 1970 bis 2001 Lehrer, seit 1984 auch Schriftsteller; verheiratet, lebt in Ellerbek. Veröffentlichungen: 6 Einzeltitel, zuletzt „Traumschaukel", Erzählungen, Wiesenburg 2014; zahlreiche Veröffentlichungen in Anthologien. www.ruediger-stuewe.de

Arne Tiedemann

Im Brotberuf Bibliothekar schreibt der Elmshorner seit über 20 Jahren nebenher Satiren und Glossen fürs Internet, für Zeitschriften und die Elmshorner Nachrichten. In der Zeit hat er bislang fünf Bücher veröffentlicht. www.strohhutbu.de

Jürgen Wolff

Geboren 1936 in Uetersen. Über 40 Jahre tätig bei der Kreissparkasse Pinneberg, jetzt Sparkasse Südholstein. Als geschichtlich Interessierter schreibt er seit 15 Jahren heimatkundliche Artikel für die Uetersener Nachrichten.

Sabine Zuhl

Geboren 1959 in Hamburg, Wohnort in Hamburg und Bendestorf, verheiratet, eine Tochter. Von Beruf Juristin und Hausfrau. Ihre Hobbys sind Schreiben (Romane und Kurzgeschichten), Lesen, Musik (Singen und Klavierspielen), Tanzen, Walken.